Norman Peter Koschmieder

Aus der Reihe: e-fellows.net stipendiaten-wissen

e-fellows.net (Hrsg.)

Band 399

Der Hochschullehrer als Prüfer

GRIN - Verlag für akademische Texte

Der GRIN Verlag mit Sitz in München hat sich seit der Gründung im Jahr 1998 auf die Veröffentlichung akademischer Texte spezialisiert.

Die Verlagswebseite www.grin.com ist für Studenten, Hochschullehrer und andere Akademiker die ideale Plattform, ihre Fachtexte, Studienarbeiten, Abschlussarbeiten oder Dissertationen einem breiten Publikum zu präsentieren.

Dokument Nr. V191628 aus dem GRIN Verlagsprogramm

Norman Peter Koschmieder

Aus der Reihe: e-fellows.net stipendiaten-wissen

e-fellows.net (Hrsg.)

Band 399

Der Hochschullehrer als Prüfer

GRIN Verlag

Bibliografische Information der Deutschen Nationalbibliothek: Die Deutsche Bibliothek
verzeichnet diese Publikation in der Deutschen Nationalbibliografie; detaillierte bibliografische Daten sind im Internet über http://dnb.d-nb.de/ abrufbar.

1. Auflage 2011
Copyright © 2011 GRIN Verlag
http://www.grin.com/
Druck und Bindung: Books on Demand GmbH, Norderstedt Germany
ISBN 978-3-656-16512-5

Norman Koschmieder

Thema Nr. 9:
„Der Hochschullehrer als Prüfer"
Seminararbeit im Wissenschaftsrecht

Wintersemester 2011/2012

Inhaltsverzeichnis

INHALTSVERZEICHNIS I

LITERATURVERZEICHNIS III

A. Einführung 1

B. Existenz einer durch Art. 5 III 1 GG verfassungsrechtlich garantierten Prüfungsfreiheit ... 1
    I. Akzessorietät zwischen Lehr- und Prüfungsfreiheit 2
        1. Meinungsstand 2
        2. Auslegung 3
    II. Kernbereich der Prüfungsfreiheit 4
    III. Der Hochschullehrer als Grundrechtsträger der Prüfungsfreiheit 5
        1. Das besondere Beamtenrechtsverhältnis des Hochschullehrers 5
        2. Universitäts- und Juniorprofessoren 5
        3. Fachhochschulprofessoren 6
    IV. Ausgestaltungsbedürftigkeit der Prüfungsfreiheit 7
        1. Das verfassungsrechtliche Rechte- und Pflichtendreieck 7
        2. Dogmatisches Verständnis der Ausgestaltungsregelungen 8
        3. Rechtsgrundlagen 9
    V. Schranken der Prüfungsfreiheit 10

C. Dienstrechtliche Ausgestaltung der Prüfungsfreiheit 11
    I. Prüfungsverpflichtung des Hochschullehrers 11
    II. Prüfungsberechtigung 12
    III. Prüfungsfach 13
    IV. Fachliche Qualifikation des Prüfers 13
        1. Allgemeine Hochschulprüfungen 14
        2. Promotionen 14
        3. Habilitationen 15

D. Reichweite und Grenzen einzelner Prüfertätigkeiten 16
    1. Auswahl des Prüfungsgegenstandes 16
    2. Durchführung von Prüfungen 17
        a. Prüferverhalten und Befangenheit 17

b. Prüfungsdauer 18
3. Bewertung von Prüfungen 18
   a. Widerspruchsverfahren und Neubewertung 19
   b. Begründungspflicht 20
   c. Prüfungsspezifische Bewertungsspielräume 20
   d. Bewertungen durch mehrere Prüfer 22

E. Zusammenfassung der Ergebnisse **23**

Literaturverzeichnis

Becker, Peter, Überlegungen zur „Neuzeit des Prüfungsrechts", NVwZ 1999, 1129 ff.

Bethge, Herbert, Grundrechtsverwirklichung und Grundrechtssicherung durch Organisation und Verfahren, Zu einigen Aspekten der aktuellen Grundrechtsdiskussion, NJW 1982, 1 ff.

Birnbaum, Christian, Rechtliche Anforderungen an das Antwort-Wahl-Verfahren, LKV 2004, 533 ff.

Brehm, Robert, Aktuelles zum juristischen Prüfungsrecht, NVwZ 2002, 1334 ff.

Brehm, Robert /Zimmerling, Wolfgang, Die Entwicklung des Prüfungsrechts seit 1996, NVwZ 2000, 875 ff.

von Coelln, Christian, Begehrt und gefährdet – die Wissenschaftsfreiheit des Hochschullehrers, in: Sachs/Siekmann (Hrsg.), Festschrift für Klaus Stern zum 80. Geburtstag, 2012, S. 1281 ff., zitiert aus den Druckfahnen

Dallinger, Peter /Bode, Christian /Dellian, Fritz (Hrsg.), Kommentar zum Hochschulrahmengesetz, 1978.

Denninger, Erhard (Hrsg.), Kommentar zum Hochschulrahmengesetz, 1984.

Dolzer, Rudolf /Graßhof, Karin /Kahl, Wolfgang /Waldhoff, Christian (Hrsg.), Bonner Kommentar zum Grundgesetz, Loseblatt, Stand 2004.

Dreier, Volker, (Hrsg.), GG, Band 1, Artikel 1-19, 2. Aufl. 2004.

Epping, Volker, Rechte und Pflichten von Professoren unter besonderer Berücksichtigung der Beamtenpflichten, ZBR 1997, 383 ff.

Erichsen, Hans-Uwe, Anmerkung zum Urteil des OVG Bremen vom 18.12.1979, Az.: I BA 52/77, VerwArch 71 (1980), S. 429 ff.

Flämig, Christian /Kimminich, Otto /Krüger, Hartmut /Meusel, Ernst-Joachim /Rupp, Hans Heinrich /Scheven, Dieter /Schuster, Josef /Graf Stenbock-Fermor, Friedrich (Hrsg.), Handbuch des Wissenschaftsrechts, Band 1, 2. Aufl. 1996.

Gärditz, Klaus-Ferdinand, Die Lehrfreiheit – Wiederentdeckung oder Rückbau?, WissR Bd. 40 (2007),
S. 67 ff.

Geis, Max-Emanuel (Hrsg.), Hochschulrecht im Freistaat Bayern, Handbuch für Wissenschaft und Praxis, 2009.

Golitschek, Herbert von, Bewertung der Prüfungsleistungen in juristischen Staatsprüfungen und deren gerichtliche Kontrolle, BayVBl. 1994, 300 ff.

Hailbronner, Kay, Die Freiheit der Forschung und Lehre als Funktionsgrundrecht, 1979.

Hailbronner, Kay /Geis, Max-Emanuel (Hrsg.), Hochschulrecht in Bund und Ländern, Kommentar zum Hochschulrahmengesetz, Band 1, Loseblatt, Stand: 1999.

Hailbronner, Kay /Geis, Max-Emanuel (Hrsg.), Hochschulrecht in Bund und Ländern, Kommentar zum Hochschulrahmengesetz, Band 2, Loseblatt, Stand: 2000.

Hartmer, Michael /Detmer, Hubert (Hrsg.), Hochschulrecht, Ein Handbuch für die Praxis, 2. Aufl. 2011.

Hoins, Hans, Die Juniorprofessur als Zentralfigur der Personalstrukturreform an den Hochschulen, NVwZ 2003, 1343 ff.

Hufen, Friedhelm, Anmerkung zum Urteil des BVerwG vom 16.12.1985, Az.: 7 B 233, 234/84, JuS 1987, 488 f.

Hufen, Friedhelm, Staatsrecht II, Grundrechte, 2. Aufl. 2009.

Hufen, Friedhelm /Geis, Max-Emanuel, Verfassungsrechtliche Fragen eines Promotionsrechts für Fachhochschulen, in: Becker/Bull/Seewald (Hrsg.), Festschrift für Werner Thieme zum 70. Geburtstag, 1993, S. 621 ff.

Karpen, Ulrich /Hillermann, Kristina, Die Entwicklung der Rechtsprechung zum Hochschulrecht seit dem Jahr 2000, JZ 2007, 978 ff.

Kaufhold, Ann-Katrin, Die Lehrfreiheit – ein verlorenes Grundrecht?, Zu Eigenständigkeit und Gehalt der Gewährleistung freier Lehre in Art. 5 Abs. 3 GG, Schriften zum Öffentlichen Recht, 2006.

Kaufhold, Ann-Katrin, Wissenschaftsfreiheit als ausgestaltungsbedürftiges Grundrecht?, NJW 2010, 3276ff.

Knauff, Matthias, Videoüberwachung von Klausuren in Hochschul- und Staatsprüfungen, NWVBl. 2006, 449 ff.

Knemeyer, Franz-Ludwig, Lehrfreiheit, Begriff der Lehre, Träger der Lehrfreiheit, 1969.

Kröpil, Karl, Die häufigsten Einwendungen von Examenskandidaten gegen Prüfungsentscheidungen in juristischen Staatsprüfungen, JuS 1985, 322 ff.

Lampe, Mareike, Gerechtere Prüfungsentscheidungen, Schriften zum Öffentlichen Recht, 1999.

Lecheler, Helmut, Nochmals: Gehört die Mitwirkung von Hochschullehrern an Staatsprüfungsämtern zu ihren Pflichten aus dem Hauptamt?, NVwZ 1988, 802 ff.

Leuze, Dieter /Epping, Volker (Hrsg.), Kommentar zum Gesetz über die Hochschulen des Landes NRW, Loseblatt, Stand 2007.

Leuze, Dieter, Probleme des Prüfungsrechts unter besonderer Berücksichtigung der Befangenheit des Prüfers, PersV 2010, 404 ff.

Lindner, Josef, Die Prägung des Prüfungsrechts durch den Grundsatz der Chancengleichheit, BayVBl. 1999, 100 ff.

Loos, Dorit, PHD für die Fachhochschulen, Die neue Hochschule, Heft 4-5, 2006, S. 3.

*von Mangold, Hermann /Klein, Dietrich /Starck, Christian (*Hrsg.), GG-Kommentar, Band 1: Präambel, Art. 1 bis 19, 6. Aufl. 2010.

Niehues, Norbert /Fischer, Edgar (Hrsg.), Prüfungsrecht, 5. Aufl. 2010.

Pieroth, Bodo /Schlink, Bernhard, Grundrechte, Staatsrecht II, 27. Aufl. 2011.

Pietzcker, Jost, Verfassungsrechtliche Anforderungen an die Ausgestaltung staatlicher Prüfungen, Schriften zum Öffentlichen Recht, 1974.

Quapp, Ulrike, Aktuelle Entwicklungen im Hochschulprüfungsrecht, DVBl. 2011, 665 ff.

Sachs, Michael (Hrsg.), Kommentar zum Grundgesetz, 6. Aufl. 2011.

Schiedermair, Hartmut, Die deutsche Universitätsreform im Jahre 1983, in: Zeidler/Maunz/ Rollecke, Festschrift für Hans Joachim Faller, 1984, S. 217 ff.

Seebass, Friedrich, Eine Wende im Prüfungsrecht?, Zur Rechtsprechung des BVerfG und ihren Folgen, NVwZ 1992, 609 ff.

Stern, Klaus, Die Freiheit der Lehre – ein Grundrecht im Schattendasein, in: Herdegen/ Klein/ Papier/Scholz, Festschrift für Roman Herzog zum 75. Geburtstag, 2009, S. 507 ff.

Thieme, Werner, Deutsches Hochschulrecht, 3. Aufl. 2004.

Wagner, Fritjof, Das Prüfungsrecht in der aktuellen Rechtsprechung, DVBl. 1990, 183ff.

Waldeyer, Hans-Wolfgang, Die dienstliche Aufgabe der Professoren zur Abnahme von Prüfungen, NVwZ 2001, 891 ff.

Waldeyer, Hans-Wolfgang, Verfassungsrechtliche Grenzen der fachlichen Veränderung der dienstlichen Aufgaben eines Professors, NVwZ 2008, 266 ff.

Waldeyer, Hans-Wolfgang, Die Professoren der Fachhochschulen als Träger des Grundrechts der Wissenschaftsfreiheit, NVwZ 2010, 1279 ff.

Walter, Hannfried, Hauptberufliche Prüfertätigkeit von Professoren, NVwZ 1988, 413 f.

Wassermann, Rudolf (Hrsg.), Kommentar zum Grundgesetz für die Bundesrepublik Deutschland, Reihe Alternativkommentare, Band 1, Art. 1-20, 1984.

Wimmer, Raimund, Gibt es gerichtlich unkontrollierbare „prüfungsspezifische" Bewertungsspielräume?, in: Bender/Breuer/Ossenbühl/Sendler (Hrsg.), Festschrift für Konrad Redeker zum 70. Geburtstag, 1993, S. 531 ff.

Wolkewitz, Mathias, Anforderungen an Bewertungen von Habilitationsleistungen und das Habilitationsverfahren, NVwZ 1999, 850 ff.

Wortmann, Bernd, Entwicklungen und Tendenzen in der Rechtsprechung zum Prüfungsrecht, NWVBl. 1992, 304 ff.

Zimmerling, Wolfgang /Brehm, Robert, Rechtsfragen der Lehrverpflichtung der Hochschullehrer, RiA 1998, 135 ff.

Zimmerling, Wolfgang /Brehm, Robert, Prüfungsrecht, 2. Aufl. 2001.

Zimmerling, Wolfgang /Brehm, Robert, Prüfungsrecht, 3. Aufl. 2007.

A. Einführung

Prüfungen dienen der Leistungskontrolle. Sie stellen fest, ob und mit welchem Erfolg der Studierende das vorgegebene Studienziel erreicht hat. Somit haben sie richtungsweisende Bedeutung für die akademischen Abschlüsse und regeln die Zulassung zu bestimmten Berufsgruppen.

Noch nie haben in NRW so viele Studenten ihr Examen abgelegt wie im Jahr 2010.[1] Gleichzeitig ist aber auch die Anzahl prüfungsrechtlicher Streitigkeiten gestiegen.[2] Damit einher geht eine zunehmende Verantwortung für den einzelnen Hochschullehrer, denn er entscheidet in seiner spezifischen Funktion als Prüfer über das Bestehen oder Nichtbestehen einer Prüfungsleistung. Die Abnahme von Prüfungen, die zu den hauptberuflichen Tätigkeiten des Hochschullehrers gehört, findet sich somit in einem komplexen verfassungsrechtlichen Verhältnis zwischen Berufsfreiheit (Art. 12 I GG) und Chancengleichheit (Art. 3 I GG) der Prüflinge sowie dem staatlichen Ausbildungsauftrag der Hochschulen, die wiederum selbst Grundrechtsträger der Wissenschaftsfreiheit des Art. 5 III 1 GG sein können, wieder.

Zum Prüfungsrecht existieren einige umfangreiche Monographien, die hier nicht nachgezeichnet werden können und sollen. Vielmehr sollen anhand eines verfassungsrechtlichen Ansatzes Freiheit und Grenzen der verschiedenen Prüfungstätigkeiten eines Hochschullehrers vorgestellt werden. Als Prüfer werden hier die verbeamteten Hochschullehrer an staatlichen Hochschulen verstanden. Nicht von Interesse sind damit mögliche Verbindungen zu den an privaten Hochschulen lehrenden Professoren.

Ausgangspunkt dieser Arbeit ist folgender: Akademische Prüfungen finden – mit Ausnahme von staatlichen und kirchlichen Prüfungen – an Hochschulen und damit in einem wissenschaftlichen Umfeld statt. Es erscheint daher zunächst fraglich, ob und inwieweit Prüfertätigkeiten überhaupt unter dem Mantel der für die Hochschullehrer bedeutsamen Wissenschaftsfreiheit durch Art. 5 III 1 GG verfassungsrechtlich geschützt sind und gar als eigene Ausprägung einer verfassungsrechtlich garantierten „Prüfungsfreiheit"[3] angesehen werden können. Dieser verfassungsrechtliche Anknüpfungspunkt dient dazu, die sich daran anschließenden Fragen nach den tatsächlichen Gewährleistungsinhalten, ihren Grenzen und den in der Praxis auftretenden Grundrechtskollisionen besser zu verstehen. Relevante Vorgaben zur Prüfertätigkeit finden sich im Dienstrecht der Hochschullehrer und den Studien- und Prüfungsordnungen. Die Thematik wird dabei am Beispiel des nordrhein-westfälischen Landesrechts vorgestellt.

B. Existenz einer durch Art. 5 III 1 GG verfassungsrechtlich garantierten Prüfungsfreiheit

Die Wissenschaftsfreiheit findet ihre verfassungsrechtliche Verankerung in Art. 5 III 1 2. Alt. GG. Sie schützt als individuelles Grundrecht die grundlegende Freiheit, Wissenschaft ungehindert von staatlicher Einflussnahme auszuüben.[4] Der Hochschullehrer wird von ihr schon kraft seines Amtes erfasst, denn er ist *„das geborene Rechtssubjekt der Wissenschaftsfreiheit"*.[5] Forschung und Lehre sind wesentliche Bestandteile eines einheitlichen Grundrechts der Wissenschaftsfreiheit[6], die sich einerseits auf den Erwerb

---

[1] General Anzeiger Bonn, NRW-Rekord bei Hochschulexamen - Uni Bonn meldet 4.700 Absolventen, Artikel vom 28.07.2011.
[2] *Quapp*, DVBl. 2011, 665.
[3] Begriff so z.B zu finden bei *Denninger*, in: Wassermann, AK-GG, Art. 5 Abs. 3, Rn. 38; *Hailbronner*, Die Freiheit der Forschung und Lehre als Funktionsgrundrecht, 1979, S. 166.
[4] *Kempen*, in: Hartmer/Detmer, Hochschulrecht, 2. Aufl. 2011, Kap. I Rn. 12.
[5] *Bethge*, in: Sachs, GG, 6. Aufl. 2011, Art. 5, Rn. 207.
[6] *Kempen*, in: Hartmer/Detmer, Hochschulrecht, 2. Aufl. 2011, Kap. I Rn. 7; *Hufen*, Staatsrecht II, 2. Aufl. 2009, § 34 Rn. 4.

von Wissen sowie auf die Weitergabe von Wissen beziehen.[7] Die Prüfertätigkeit betrifft die Überprüfung von vorab vermitteltem Wissen, denn sie ist nicht darauf ausgerichtet, neue Forschungsergebnisse zu generieren. Daraus folgt zugleich, dass sie sich allenfalls als besondere Form der Wissensvermittlung unter den Bereich der Lehrfreiheit subsumieren lässt, wenn sie von dessen sachlichem Schutzbereich tatsächlich erfasst wird.

I. Akzessorietät zwischen Lehr- und Prüfungsfreiheit

Die Freiheit der Lehre besteht in der Wissensvermittlung im Rahmen von akademischen Lehrveranstaltungen, die grundsätzlich im Zusammenhang mit der Forschung des Hochschullehrers und der Weitergabe des durch die Forschung erlangten Wissens gesehen werden muss.[8] Damit garantiert die Lehrfreiheit des Art. 5 III 1 GG eine inhaltliche sowie eine methodische Freiheit, also das Recht, die wissenschaftliche Position und Didaktik frei von staatlicher Einflussnahme auszuwählen.[9]

Prüfungen können sowohl im Rahmen einer Lehrveranstaltung (oftmals als Klausur) oder nach bestimmten Studienabschnitten (wie beispielsweise als Zwischenprüfung) erfolgen. Inwieweit damit aber auch die Prüfertätigkeit eines Hochschullehrers als besondere Ausprägung der Lehrfreiheit dem Schutz des Art. 5 III 1 GG unterliegt, ist umstritten und höchstrichterlich

noch nicht geklärt worden.[10]

1. Meinungsstand

In der Literatur gibt es sowohl Befürworter, welche zumindest einzelne Prüfungstätigkeiten der Lehrfreiheit des Art. 5 III 1 GG zuordnen, als auch Stimmen, die sich gegen eine solche Einordnung aussprechen. Letztere bringen hervor, dass es bei Prüfungen gerade nicht um die für die Lehre typische Vermittlung von Wissen ginge. Der Prüfer stelle vielmehr fest, ob der Prüfling die für den berufsqualifizierenden Abschluss erforderlichen Kenntnisse und Fähigkeiten besitze.[11] Ebenso wenig ziele beispielsweise die Prüfungsbewertung darauf ab, gegenüber dem Prüfungskandidaten wissenschaftliche Lehrmeinungen zu äußern.[12] Dies werde besonders bei der Bewertung von Abschlussarbeiten (wie z.B. einer Diplom- oder Masterarbeit) deutlich, denn solche stehen grundsätzlich nicht in einem unmittelbaren Zusammenhang zu einer Lehrveranstaltung.[13] Außerdem bringe die in § 35 I 2 HG NRW getroffene Zuweisung der Prüfungsabnahme zu den hauptberuflichen Aufgaben der Hochschullehrer zum Ausdruck, dass es dieser besonderen Erwähnung nicht bedurft hätte, wenn die Abnahme von Prüfungen bereits der Lehre zuzurechnen sei.[14]

Dem tritt eine andere Ansicht mit dem Argument entgegen, dass Prüfungen mit der Lehre in einem untrennbaren Zusammenhang stehen.[15] Das Bundesverfassungsgericht (BVerfG) habe in seinem grundle-

---

[7] *Kempen*, in: Hartmer/Detmer, Hochschulrecht, 2. Aufl. 2011, Kap. I Rn. 7.
[8] BVerfGE 35, 79 (112); *Kempen*, in: Hartmer/Detmer, Hochschulrecht, 2. Aufl. 2011, Kap. I Rn. 88; *Hufen*, Staatsrecht II, 2. Aufl. 2009, § 34 Rn. 10.
[9] BVerwGE 105, 73 (79); 126, 1, (27); *Kaufhold*, NJW 2010, 3277; *Kaufhold*, Die Lehrfreiheit – ein verlorenes Grundrecht?, 2006, S. 223; *Kempen*, in: Hartmer/Detmer, Hochschulrecht, 2. Aufl. 2011, Kap. I Rn. 90.
[10] Offen gelassen von BVerwG, NVwZ 1986, 376, (376).
[11] OVG Berlin, DVBl. 1985, 1088 (1088).
[12] OVG Berlin, DVBl. 1985, 1088 (1088f.).
[13] OVG Berlin, DVBl. 1985, 1088 (1089).
[14] OVG Berlin, DVBl. 1985, 1088 (1089).
[15] *Hufen*, JuS 1987, 488; *Hailbronner*, Die Freiheit der Forschung und Lehre als Funktionsgrundrecht, 1979, S. 166.

genden Hochschulurteil[16] festgestellt, dass die Festlegung und die Durchführung von Studien- und Prüfungsordnungen zu den wissenschaftsrelevanten Angelegenheiten gehören und diese Forschung und Lehre unmittelbar berühren. Da Prüfungsordnungen in Form von Prüfungen durchgeführt werden, bestehe zwischen Lehre und Prüfung eine zwangsläufige Akzessorietät.[17] Dies sei jedenfalls dann der Fall, wenn Prüfungen die Lehre zur Kontrolle des Lehrerfolges abschließen, d.h. eine sog. dialogische Struktur zwischen Lehre und Prüfung vorliegt.[18] Zudem wird darauf hingewiesen, dass sowohl mündliche als auch schriftliche Prüfungen wissenschaftliche Meinungsäußerungen der Prüflinge und auch des Prüfers enthalten würden.[19]

2. Auslegung

Beide Ansichten haben gewichtige Argumente auf ihrer Seite. Die historische Auslegung zeigt jedenfalls, dass die Prüfungstätigkeit zur traditionellen Betätigung des Hochschullehrers gehört.[20] Hauptsächlich muss aber auf die teleologische Auslegung der Lehrfreiheit abgestellt werden; Systematik und Wortlaut des Art. 5 III 1 GG können indes keine Anhaltspunkte hinsichtlich des Reichweite des Schutzbereichs entnommen werden.[21]

Die teleologische Auslegungsmethode fragt nach dem Sinn und Zweck der Norm, vorliegend also konkret nach Sinn und Zweck von verfassungsrechtlich geschützter „Lehre". Hauptanliegen der Lehre ist die Verbreitung von erlangtem Wissen – wahlweise durch (schriftliche) Publikation oder im Rahmen einer Lehrveranstaltung (z.B. einer Vorlesung). Daneben findet eine Wissensverbreitung aber auch dann statt, wenn zum Abschluss einer Lehrveranstaltung das vermittelte Wissen in Form einer Prüfungsleistung abgefragt wird. Hierin manifestiert sich letztlich sogar ihr Anliegen, denn die Prüfungskandidaten müssen zur Vorbereitung auf ihre Prüfung die Lehrinhalte aufnehmen, verstehen und kritisch hinterfragen. In der Prüfung selbst erfolgt eine Anwendung der präferierten wissenschaftlichen Theorie. Dann aber weist die Prüfungsleistung auch wissenschaftliche Meinungsäußerungen auf. So wird in juristischen Prüfungen beispielsweise die reflektierte Darstellung von relevanten Meinungsstreitigkeiten und deren Streitentscheid vom Prüfling explizit erwartet.

Man könnte dem Argument der dialogischen Struktur allerhöchstens eine gewisse Inkonsequenz dahingehend vorwerfen, dass es sich bei den Hochschulprüfungen nicht ausschließlich um wissenschaftliche Entfaltung, sondern zusätzlich um dem Hochschullehrer auferlegte Verwaltungsaufgaben handele.[22] Dies könnte auch durch die Formulierung des § 35 I 2 HG NRW unterstrichen werden, welche die Prüfertätigkeit explizit auflistet.

Sicherlich ist der Prüfer hinsichtlich der Prüfungsformalia an organisatorische Vorgaben der Hochschule gebunden. Aber auch diese Vorgaben sprechen der Prüfung nicht ihren Lehrcharakter ab. Prüfungsfreiheit

---

[16] BVerfGE 35, 79 (123).
[17] BayVGH, DÖV 1985, 496 (497); *Pernice*, in: Dreier, GG, Art. 5 Rn. 32; *Hailbronner*, Die Freiheit der Forschung und Lehre als Funktionsgrundrecht, 1979, S. 167; *Schnellenbach*, in: Hartmer/Detmer, Hochschulrecht, 2. Aufl. 2011, Kap. XII Rn. 43, *Waldeyer*, in: Hailbronner/Geis, HRG, Loseblatt, Stand 1999, § 15 Rn. 53.
[18] BayVGH, DÖV 1985, 496 (497); *Jarass*, in: Jarass/Pieroth, GG, Art. 5 Rn. 123; *Denninger*, in: Wassermann, AK-GG, Art. 5 Abs. 3, 1984, Rn. 38; *Fehling*, in: Dolzer/Graßhof/Kahl/Waldhoff, BK GG, Loseblatt, Stand 2004, Art. 5 Abs. 3, Rn. 89.
[19] *Thieme*, Deutsches Hochschulrecht, 3. Aufl. 2004, Rn. 119.
[20] BayVGH DÖV 1985, 496 (496f.); *Stern*, in: Festschrift für Herzog, 2009, S. 519.
[21] *Kaufhold*, Die Lehrfreiheit – ein verlorenes Grundrecht?, 2006, S. 215.
[22] In diese Richtung *Gärditz*, WissR 40 (2007), S. 69, der sogar von einer bloßen Verwaltungstätigkeit ausgeht.

bedeutet – mit Blick auf die dialogische Struktur – im Kern sogar die Umsetzung der Lehrfreiheit und ihre Erfolgskontrolle. Die in § 35 I 2 HG NRW statuierte hauptberufliche Pflicht der Prüfungsabnahme bringt somit lediglich die Bindung an die von der Hochschule vorgegebenen prüfungsspezifischen Pflichten zum Ausdruck und ist teleologisch auf diesen Bereich zu reduzieren. Hier deutet sich bereits an, dass Prüfungen nur in bestimmten vorgegebenen Bahnen erfolgen können und die Prüfertätigkeit jedenfalls mit dem organisatorischen Interesse der Hochschule in Einklang zu bringen ist.[23]

Schwieriger sind dagegen solche Prüfungen einzuordnen, die nicht als Abschluss einer bestimmten Lehrveranstaltung, sondern unabhängig hiervon ergehen und einen Studienabschnitt abschließen. Derartige Prüfungen beziehen sich aber lediglich auf ein weiteres Lehrspektrum und sind nicht an die Inhalte einer einzelnen Lehrveranstaltung gebunden. Sie orientieren sich an der Überprüfung wissenschaftlicher Lehrgebiete, die im jeweiligen Studiengang als erworbenes Wissen vorausgesetzt werden. Auch in diesen Fällen bleibt die Akzessorietät – freilich auf einer breiteren Ebene – erhalten.

Zu einem (teilweise) anderen Ergebnis kommt *Kaufhold*, indem sie zwischen den von der Hochschule oder dem Staat organisierten Examina einerseits und den auf die Initiative des Lehrenden durchgeführten Prüfungen differenziert und ein generelles Prüfungsrecht des Hochschullehrers mit Blick auf die von der Hochschule oder dem Staat organisierten Prüfungen ablehnt.[24] Hinsichtlich dieser Prüfungen stehe dem Hochschullehrer lediglich ein Einsichtsrecht in die Prüfungsergebnisse zur Kontrolle seines Lehrerfolges zu. Allerdings ist zu beachten, dass dieser in der Praxis nichtsdestotrotz oftmals als Prüfer bestellt wird, da er die erbrachten Leistungen aufgrund seiner vorherigen Lehre selbst am besten beurteilen kann.[25] Insofern besteht rein praktisch keinen Unterschied zur hier vorgestellten Konzeption. Es spricht außerdem nichts dagegen, zunächst einmal ein generelles Prüfungsrecht des Hochschullehrers anzunehmen und dessen konkrete Ausgestaltung auf der Ebene des Schutzbereichs und der Schranken zu suchen. Dass im Prüfungsrecht staatliche Einflussnahmen im höheren Maße zulässig sein müssen, zeigt alleine schon die in diesem Bereich vorzufindende hohe Grundrechtsrelevanz, insbesondere die Lebensschicksal bestimmende Wirkung von Prüfungen.[26] Die von *Kaufhold* als zweite Gruppe genannten Prüfungen, welche auf eigene Initiative des Prüfers erfolgen, erfolgen unabhängig von Hochschul- bzw. staatlichen Prüfungen.[27] Sie sind in jedem Fall Ausdruck einer – aus der methodischen Lehrfreiheit herrührenden – Prüfungsfreiheit.

Nach der teleologischen sowie der historischen Auslegung ist damit die Existenz einer durch Art. 5 III 1 GG garantierten Prüfungsfreiheit als besondere Ausprägung der verfassungsrechtlich geschützten Lehrfreiheit nicht von der Hand zu weisen. Die daran anknüpfenden Fragestellungen beziehen sich nun auf die Gewährleistungsinhalte sowie den personellen Schutzbereich.

II. Kernbereich der Prüfungsfreiheit

Im Prüfungsverfahren können verschiedene Prüfungshandlungen des Hochschullehrers je nach Stadium des Verfahrens isoliert betrachtet werden. Der Grundrechtsschutz der einzelnen Tätigkeiten kann aller-

---

[23] BVerfG, NVwZ 1984, 711; BVerfGE 35, 79, 114ff.; *Kaufhold*, NJW 2010, 3278; *Zimmerling/Brehm*, RiA 1998, 141.
[24] Die Lehrfreiheit – ein verlorenes Grundrecht?, 2006, S. 216.
[25] So die Autorin selbst: Die Lehrfreiheit – ein verlorenes Grundrecht?, 2006, S. 217.
[26] *Stern*, in: Festschrift für Herzog, 2009, S. 519.
[27] *Kaufhold*, Die Lehrfreiheit – ein verlorenes Grundrecht?, 2006, S. 217.

dings nur dort erfolgen, wo der Regelungsbereich des Art. 5 III 1 GG tatsächlich eröffnet ist.[28] Zur genauen Identifikation bietet es sich auch hier an, zunächst die eigentlichen Garantien der Lehrfreiheit herauszufiltern, um von diesen eine mögliche Übertragung auf die Prüfungsfreiheit herzuleiten.
Die Lehrfreiheit schützt im Kern vor der unangemessenen Einflussnahme auf Inhalt und Methoden der Lehrveranstaltung oder vor der Zuweisung von Lehraufgaben, die nicht mehr vom Lehrauftrag gedeckt sind.[29]
Gleiches muss dann für Prüfungen gelten: Auch hier ist ein prüfungsspezifischer Freiraum hinsichtlich Inhalt und Methode der Prüfungskonzeption einzuräumen. In diesem Rahmen lassen sich der Prüfungsfreiheit drei zentrale Bereiche zuordnen, welche ihren sachlichen Schutzbereich näher konkretisieren und in denen der Prüfer inhaltliche und methodische Freiheit genießt. Dazu gehören die Auswahl des Prüfungsgegenstands, die Durchführung der Prüfung sowie ihre Bewertung.[30]

III. Der Hochschullehrer als Grundrechtsträger der Prüfungsfreiheit

Hinsichtlich des personellen Schutzbereichs der Prüfungsfreiheit kommen mehrere Personengruppen als Grundrechtsträger in Betracht.

1. Das besondere Beamtenrechtsverhältnis des Hochschullehrers

Allerdings ist zunächst zu beachten, dass Professoren an Universitäten und Fachhochschulen in Lehre und gegebenenfalls auch Forschung hauptberuflich tätige Beamte sind.[31] Insoweit üben sie gerade bei der Abnahme von Prüfungen hoheitliche Befugnisse aus[32] und sind damit einerseits Angehörige des öffentlichen Dienstes, andererseits agieren sie jedoch als eigene Grundrechtsträger der Wissenschaftsfreiheit, die ihnen die Entfaltung in einer staatsfreien Sphäre garantiert. Damit besitzen Hochschullehrer einen sog. Doppelstatus[33] und unterliegen einem besonderen beamtenrechtlichen Rechtsverhältnis.[34] Obwohl sie also als Beamte Teil des Staates und damit grundrechtsgebunden sind, sind sie in ihrer wissenschaftlichen Betätigung Grundrechtsträger des Art. 5 III 1 GG.

2. Universitäts- und Juniorprofessoren

Gemäß § 35 I 2 HG NRW gehört die Abnahme von Prüfungen zu den hauptberuflichen Aufgaben eines Hochschullehrers. Dabei bezieht sich der Begriff des Hochschullehrers nach dem Urteil des BVerfG vom 29.05.1973 auf solche akademische Personen, die aufgrund einer Habilitation oder eines sonstigen Qualifikationsnachweises mit der selbstständigen Vertretung eines wissenschaftlichen Faches in der Forschung und Lehre betraut sind.[35] Dazu zählen die Universitätsprofessoren. Auch die Emeriti haben ein Recht auf die Abhaltung von Lehrveranstaltungen[36] und in Folge der dialogischen Struktur zwischen Lehre und Prüfung einen Anspruch auf angemessene Beteiligung am Prüfungsverfahren.[37]

---

[28] *Erichsen*, VerwArch Bd. 71 (1980), S. 438.
[29] BVerfGE 126, 1 (27); *Zimmerling/Brehm*, RiA 1998, 137.
[30] *Denninger*, in: Wassermann, AK-GG, Art. 5Abs. 3, 1984, Rn. 38; *Waldeyer,* in: Hailbronner/Geis, HRG, Loseblatt, Stand 1999, § 15 Rn. 54 *Thieme*, Deutsches Hochschulrecht, 3. Aufl. 2004, Rn. 393.
[31] *Scheven*, in: Hdb WissR, Band 1, 2. Aufl. 1996, S. 351.
[32] *Epping*, ZBR 1997, 386.
[33] *Epping*, ZBR 1997, 383.
[34] *Waldeyer*, NVwZ 2008, 268f.; *Scheven*, in: Hdb WissR, 2. Aufl. 1996, S. 361ff.
[35] BVerfGE 35, 79 (126); *Waldeyer*, NVwZ 2008, 266.
[36] VGH Baden-Württemberg, DÖV 2003, 643 (644).
[37] VGH Mannheim, NVwZ 2003, 1003 (1003).

Im Jahr 2002 wurde zudem die Juniorprofessur in das HRG eingeführt. Aus § 48 I 2 HRG sowie aus § 11 I Nr. 1 HG NRW folgt nunmehr, dass Juniorprofessoren ebenfalls als Hochschullehrer einzustufen sind und damit die Berechtigung erhalten, Hochschulprüfungen abzunehmen.[38] Auch der Juniorprofessor ist aufgrund seiner Einstellung als Beamter auf Zeit (§ 48 II HRG) vom besonderen beamtenrechtlichen Verhältnis erfasst.

3. Fachhochschulprofessoren

Bereits mit Blick auf die Lehrfreiheit war lange Zeit umstritten, ob sich der Fachhochschullehrer überhaupt auf diese berufen kann. Dafür wurde der Grund angeführt, dass an Fachhochschulen hauptsächlich anwendungsbezogene Lehre stattfindet[39] und demnach kein Junktim zwischen Forschung und Lehre, so wie dies unter dem Begriff des Publizitätsgebots ursprünglich für die Universitäten vorgesehen war[40], besteht. Fachhochschulprofessoren konnten sich daher grundsätzlich nur dann auf die Lehrfreiheit des Art. 5 III 1 GG berufen, wenn ihnen landesgesetzlich bestimmte Forschungsaufgaben übertragen wurden.[41]

Das BVerfG hatte die Frage bis zum 13.04.2010 ausdrücklich offen gelassen. In jenem Beschluss[42] bestätigte es allerdings die Eröffnung des Schutzbereichs von Art. 5 III 1 GG für die Fachhochschullehrer, soweit diesen die eigenständige Vertretung eines Faches in der wissenschaftlichen Forschung und Lehre übertragen ist.[43] Grund hierfür sei die Entwicklungsoffenheit des sachlichen Schutzbereichs der Wissenschaftsfreiheit[44] und die in diesem Zusammenhang eingetretene Annäherung zwischen Universitäten und Fachhochschulen durch den Gesetzgeber.[45] § 3 II 2 HG NRW sowie § 4 I, II HG NRW weisen beispielsweise eindeutig auch den Fachhochschullehrern wissenschaftliche Aufgaben zu und differenzieren nicht zwischen den verschiedenen Hochschularten. Hinzu kommt, dass auch die Fachhochschullehrer Entwicklungen auf ihrem Gebiet kritisch reflektieren und im Rahmen der Lehre verarbeiten müssten.[46] Lehre im Sinne des Art. 5 III GG sei somit nicht nur das Resultat eigener Forschung.[47]

An dieser Stelle ist allerdings eine genauere Betrachtung notwendig: Lehre muss zwar nicht ausschließlich aus den Resultaten eigener Forschung bestehen, der vermittelnde Hochschullehrer muss auf dem betreffenden Gebiet jedoch selbstständig forschen, um fremde Lehre beurteilen zu können und eigene Forschungsergebnisse in die Lehre einfließen zu lassen.[48] Fest steht, dass der „reine Lehrprofessor" – an einer Universität ebenso wie an einer Fachhochschule – nicht Träger der Wissenschaftsfreiheit sein kann.[49]

---

[38] *Weber*, in: Leuze/Epping, HG NRW, Loseblatt, Stand 2007, § 65 Rn. 5; *Hartmer*, in: Hartmer/Detmer, Hochschulrecht, 2. Aufl. 2011, Kap. V Rn. 126.
[39] BVerfGE 61, 210 (244f.).; 64, 323 (354f.); *v. Coelln*, in: Festschrift für Stern, 2011, S. 1282f.
[40] *Knemeyer*, Lehrfreiheit, 1969, S. 31; *Stern*, in: Festschrift für Herzog, 2009, S. 513; *Kaufhold*, NJW 2010, 3278.
[41] BVerfGE 64, 323 (354f.); *Hufen*, Staatsrecht II, 2. Aufl. 2009,§ 34 Rn. 18; *Kempen*, in: Hartmer/Detmer, Hochschulrecht, 2. Aufl. 2011, Kap. I Rn. 90.
[42] BVerfGE 126 1ff.
[43] BVerfGE 126, 1 (19ff.); *v.Coelln*, in: Festschrift für Stern, 2011, S. 1283.
[44] BVerfGE 126, 1 (19f.); *Waldeyer*, NVwZ 2010, 1281.
[45] BVerfGE 126, 1 (20).
[46] BVerfGE 126, 1 (23f.); BayVGH, DÖV 1985, 496 (497).
[47] BVerfGE 126, 1 (23); *Waldeyer*, NVwZ 2010, 1281; Hailbronner, Die Freiheit der Forschung und Lehre als Funktionsgrundrecht, 1979, S. 164
[48] *v. Coelln*, in: Festschrift für Stern, 2011, S. 1287.
[49] *v. Coelln*, in: Festschrift für Stern, 2011, S. 1286; *Stern*, in: Festschrift für Herzog, 2009, S. 516.

Damit können sich auch Fachhochschullehrer auf die Lehrfreiheit berufen, soweit ihnen dienstrechtlich vermittelte Aufgaben in der wissenschaftlichen Forschung und Lehre übertragen wurden und die Lehre zumindest auch eigene Forschung enthält. Daraus folgt weiterhin, dass sie in diesem Rahmen nunmehr in den Schutzbereich der Prüfungsfreiheit einzubeziehen sind.

IV. Ausgestaltungsbedürftigkeit der Prüfungsfreiheit

Die Prüfungsfreiheit ist in ihrer subjektiv-rechtlichen Dimension zunächst als individuelles und negatorisches Freiheitsrecht zu behandeln.[50] Das bedeutet, dass der Hochschullehrer in seiner Funktion als Prüfer dort, wo seine durch Art. 5 III 1 GG geschützte Position nicht zulässigerweise eingeschränkt ist, selbst über Inhalt und Ablauf der methodischen und inhaltlichen Ausgestaltung einer Prüfung bestimmen kann.[51]

Darüber hinaus wird der Wissenschaftsfreiheit allgemein auch eine objektiv-rechtliche Komponente entnommen und mit dem besonderen Nutzen für die Allgemeinheit begründet. Diese sei sogar ihre maßgebliche Funktion, denn der Nutzen des Gemeinwohls bestehe in der Garantie eines freien und staatlich unbeeinflussten Raums zur wissenschaftlichen Betätigung.[52] Daraus folge ein objektiv-rechtliches Organisationsprinzip, wonach der Gesetzgeber für das größtmögliche Maß an Freiheit des einzelnen Wissenschaftlers und somit für eine wissenschaftsadäquate Hochschulorganisation zu sorgen habe.[53] Er muss damit in concreto nicht nur die Ausübung von Wissenschaft ermöglichen und fördern, sondern zudem durch geeignete organisatorische Maßnahmen in den von ihm geschaffenen Strukturen genügend Raum für diese Betätigung schaffen[54], so dass sich aber vor allem auch bedrohte Freiheiten anderer Interessengruppen effektiv durchsetzen können.[55]

Ohne an dieser Stelle bereits auf dieses dogmatische Verständnis näher einzugehen, stellt sich vorab die Frage, ob auch der Prüfungsfreiheit eine solch objektiv-rechtliche Komponente überhaupt zu entnehmen ist. Dies könnte jedenfalls dann der Fall sein, wenn sie nicht nur als subjektives Abwehrrecht des Hochschullehrers gegen staatliche Eingriffe verstanden werden kann, sondern einen darüber hinausgehenden Zweck erfüllt. Hier sind nun einige Spezifika des Prüfungsrechts zu berücksichtigen.

1. Das verfassungsrechtliche Rechte- und Pflichtendreieck

Es entspricht dem Wesen von Prüfungen, dass diese Lebens- und Berufschancen eröffnen oder aber verhindern. Aus diesem Grund ist Prüfungsrecht in ganz besonderem Maße grundrechtsrelevant.[56] Am Hochschulbetrieb nehmen verschiedene Interessengruppen teil, deren berührte Grundrechtspositionen miteinander in Konflikt geraten können. Zu Spannungen kann es dabei in allen Stufen des Prüfungsverfahrens kommen.

Zu den „Säulen des Prüfungsrechts" gehören die Berufsfreiheit (Art. 12 I GG), die Rechtsweggarantie (Art. 19 IV GG) sowie das Gebot der Chancengleichheit (Art. 3 I GG).[57]

---

[50] *Bethge*, in: Sachs, GG, 6. Aufl. 2011, Art. 5, Rn. 201.
[51] So für die Lehrfreiheit in BVerwGE 55, 37, 66; 105, 73 (79).
[52] *Schiedermair*, in: Festschrift für Joachim Faller, 1984, S. 217ff.
[53] BVerfGE 35, 79 (115f.), 128; *Kempen*, in: Hartmer/Detmer, Hochschulrecht, 2. Aufl. 2011, Kap. I Rn. 34ff.; *Kaufhold*, NJW 2010, 3279.
[54] BVerfGE 35, 79 (115).
[55] *Bethge*, in: Sachs, GG, 6. Aufl. 2011, Art. 5, Rn. 202a; *Bethge*, NJW 1982, 3.
[56] *Karpen/Hillermann*, JZ 2007, 981.
[57] *Lindner*, BayVBl. 1999, 100 (102).

Hochschulprüfungen, die zur Ausübung eines bestimmten Berufes erforderlich sind, berühren zwangsläufig die Berufsfreiheit der Studenten aus Art. 12 I GG.[58] Sie bedürfen daher stets einer gesetzlichen Grundlage und müssen sich am Grundsatz der Verhältnismäßigkeit messen lassen.[59] Mit Blick auf die Berufsfreiheit kommt aber auch dem sog. Grundrechtsschutz durch Verfahren eine wichtige Bedeutung zu.[60] Danach soll durch Transparenz der Prüfungsvorgänge ein möglichst effektiver Rechtsschutz gewährleistet werden. Dieses „Überprüfungsinteresse" ist verfassungsrechtlich geradezu durch die Rechtsweggarantie des Art. 19 IV GG geschützt.[61]

Von essentieller Bedeutung ist außerdem der Grundsatz prüfungsrechtlicher Chancengleichheit, der sich sowohl aus Art. 12 I GG sowie – von der Rechtsprechung überwiegend angenommen[62] – als Ausprägung des allgemeinen Gleichheitssatzes des Art. 3 I GG ableiten lässt.[63] Dieser erfordert von den Prüfern die Gleichbehandlung der Prüfungskandidaten in allen Phasen des Prüfungsverfahrens.

Die widerstreitenden Interessen müssen dann im gegenseitigen Verhältnis angemessen berücksichtigt werden[64] und hierdurch zur optimalen Geltung – idealerweise durch die Herstellung praktischer Konkordanz – kommen.[65] Die Interaktion der verschiedenen Grundrechtsträger führt im Ergebnis auch dazu, dass sich alle Interessengruppen, mit Rücksicht auf den durch die Hochschule umzusetzenden Ausbildungszweck, Einschränkungen ihrer Freiheiten hinnehmen müssen.[66] Mit Blick auf das Prüfungsverfahren folgt daraus zugleich, dass dies derart auszugestalten ist, dass es den prüfungsrelevanten Grundrechten gerecht wird. In diesem Sinne kann somit auch von einem „verfassungsrechtlichen Rechte- und Pflichtendreieck" aller beteiligten Interessengruppen gesprochen werden.[67]

2. Dogmatisches Verständnis der Ausgestaltungsregelungen

Damit liegt es auf der Hand, dass die Prüfungsfreiheit nicht die Befugnis zur willkürlichen Festlegung von Art und Umfang der Prüfungsabnahme vermittelt, sondern – mit Blick auf das im Prüfungsrecht vorherrschende verfassungsrechtliche Rechte- und Pflichtendreieck – Einschränkungen erfahren muss. Hierfür bestehen grundsätzlich zwei denkbare Möglichkeiten: einerseits könnte man klassischerweise den Schutzbereich der Prüfungsfreiheit zunächst einmal weit definieren und jegliches Prüferverhalten einbeziehen, das sodann aber durch Grundrechtsschranken beschränkt werden könnte, wenn ein Eingriff in die Prüfungsfreiheit gerechtfertigt ist. In der Literatur wird oftmals lediglich von „Grenzen"[68] und „Einschränkungen"[69] der Lehr- und Prüfungsfreiheit gesprochen, so dass unklar bleibt, ob die Verfasser von „Schranken" im herkömmlichen Sinne sprechen oder doch etwas anderes ausdrücken wollen.

---

[58] BVerfGE 37, 342 (352); 79, 212 (218); *Niehues*, in: Niehues/Fischer, Prüfungsrecht, 5. Aufl. 2010, Rn. 99ff.; *Lampe*, Gerechtere Prüfungsentscheidungen, 1999, S. 21.
[59] BVerfGE 80, 1 (24); *Lampe*, Gerechtere Prüfungsentscheidungen, 1999, S. 26ff., 33ff.
[60] BVerfGE 52, 380 (389f.); 53, 30 (65); *Seebass*, NvwZ 1992, 611.
[61] BVerfG, BayVBl. 1997, 629 (629); BVerwG, BayVBl. 1993, 439 (440); *Lindner*, BayVBl. 1999, 100.
[62] BVerfG, NJW 1991, 442 (442).; NJW 1991, 2005 (2007).
[63] *Lindner*, BayVBl. 1999, 101.
[64] *Waldeyer*, NVwZ 2008, 269; *Epping*, ZBR 1997, 383.
[65] *Schnellenbach*, in: Hartmer/Detmer, Hochschulrecht, 2. Aufl. 2011, Kap. XII Rn. 37ff.
[66] *Bethge*, in: Sachs, GG, 6. Aufl. 2011, Art. 5, Rn. 224; *Epping*, ZBR 1997, 383.
[67] *Epping*, ZBR 1997, 383.
[68] So z.B. *Zimmerling/Brehm*, RiA 1998, 137;
[69] So z.B. *Stern*, in: Festschrift für Herzog, 2009, S. 517.

Mit Blick auf die im verfassungsrechtlichen Dreieck miteinander konkurrierenden Grundrechtsinteressen, bietet sich nämlich auch eine positive Ausgestaltung der Prüfungsfreiheit in Form der sog. Organisationsgesetzgebung an.[70] Insoweit kann auch eine Parallele zum Bild der „dienenden Rundfunkfreiheit" gezogen werden, die aufgrund ihrer wichtigen demokratischen Funktion die Pluralität der Meinungen sichern soll.[71] Gerade auch im Prüfungsrecht sollen vom Leerlauf bedrohte Grundrechtspositionen, namentlich die der Studierenden, gegenüber den Freiheiten des Prüfers gesichert werden.[72] Insoweit ist auch hier gewissermaßen eine „Pluralität" zu schützen. Außerdem dient die Teilhabe der Grundrechtsträger an der Organisation des Wissenschaftsbetriebs keinem Selbstzweck, sondern dem Schutz vor wissenschaftsinadäquaten Entscheidungen.[73] Damit stellt die Prüfungsfreiheit keine klassisch liberale Freiheit dar, sondern erfährt durch positive Ausgestaltung in Form von Organisationsgesetzen eine Sonderbehandlung in ihrem erforderlichen Umfang. Sie ist folglich ein normgeprägtes Grundrecht.

Diese Tatsache führt wiederum dazu dass die Prüfungsfreiheit bereits auf Schutzbereichsebene Einschränkungen erfährt.[74] Durch Schutzbereichsausgestaltungen sollen bestimmte Verhaltensmöglichkeiten der Grundrechtsträger eröffnet und gerade nicht verwehrt werden.[75] Der Organisationsvorbehalt ist folglich nicht mit einem Schrankenvorbehalt identisch, denn er greift nicht in den Schutzbereich der Lehr- bzw. Prüfungsfreiheit ein, sondern gestaltet diesen in Form von immanenten Schranken der Lehrfreiheit näher aus.[76] Die grundrechtliche Betätigung der Grundrechtsträger ist damit nur in diesen Bahnen vorgegeben.[77]

Daher ist strikt zwischen ausgestaltenden bzw. die Prüfungsfreiheit definierenden und tatsächlichen Eingriffsgesetzen zu unterscheiden.[78] Berühren die organisationsrechtlichen Vorschriften allerdings den Kernbereich der Prüfungsfreiheit (also die inhaltliche und methodische Freiheit hinsichtlich der Auswahl des Prüfungsstoffs, der Durchführung der Prüfung sowie der Prüfungsbewertung) in einer unzulässigen Weise, können sie sich in einen Eingriff umwandeln.[79] Gerade hierin besteht die Besonderheit bei der Untersuchung prüfungsrechtlicher Vorgaben.

3. Rechtsgrundlagen

Der Gesetzgeber ist in der Ausgestaltung der Hochschulorganisation grundsätzlich frei, solange er ein hinreichendes Maß an organisatorischer Selbstbestimmung der Grundrechtsträger sicherstellt[80] und damit eine strukturelle Gefährdung eines einzelnen Wissenschaftlers verhindert.[81]

Rechtliche Ausgestaltungen der Lehr- und Prüfungsfreiheit sind auf einfach-gesetzlicher Ebene zunächst im HRG und dem HG NRW zu suchen. Fakultäten und Fachbereiche der Hochschulen sind darüber hin-

---

[70] *Bethge*, in Sachs, GG, 6. Aufl.2011, Art. 5 GG Rn. 229, 92ff.; *Bethge*, NJW 1982, 4ff.; *Kaufhold*, NJW 2010, 3278f.
[71] *Bethge*, in Sachs, GG, 6. Aufl.2011, Art. 5 GG Rn. 92ff.
[72] *Bethge*, NJW 1982, 3.
[73] BVerfGE 111, 333 (354).
[74] *Fehling*, in: Dolzer/Graßhof/Kahl/Waldhoff, BK GG, Loseblatt, Stand 2004, Art. 5 Abs. 3, Rn. 89.
[75] *Pieroth/Schlink*, Grundrechte, 27. Aufl. 2011, Rn. 225.
[76] *Geis*, in: Geis, Hochschulrecht im Freistaat Bayern, 2009, Kapitel II, Rn. 26.
[77] *Pieroth/Schlink*, Grundrechte, 27. Aufl. 2011, Rn. 233.
[78] Für die Rundfunkfreiheit: *Bethge*, in: Sachs, GG, 6. Aufl. 2011, Art. 5, Rn. 154ff.
[79] BVerfGE 111, 333 (352); *Bethge*, in Sachs, GG, 6. Aufl. 2011, Art. 5 GG Rn. 229; *Pieroth /Schlink*, Grundrechte, 27. Aufl, 2011, Rn. 229.
[80] BVerfGE 111, 333 (355); 35, 79, 116 (120); 47, 327 (404).
[81] BVerfGE 111, 333 (356).

aus als teilrechtsfähige Untereinheiten der Hochschule selbst Inhaber des Grundrechts der Wissenschaftsfreiheit[82] und können Studien-, Prüfungs-, Promotions- und Habilitationsordnungen zur Organisation des Lehrbetriebs erlassen,[83] soweit diese mit höherrangigem Recht vereinbar sind.[84] Diesbezügliche Anforderungsgrundsätze sind in § 64 HG NRW niedergelegt. Danach müssen Prüfungsordnungen u.a. Regelungen zur Dauer der Prüfungsleistungen, zu den Voraussetzungen für Wiederholungsprüfungen, den Bewertungsgrundsätzen
oder den Prüfungsorganen treffen.

Davon zu unterscheiden sind einmal die staatlichen Prüfungen, für welche die Länder entsprechende Rechtsvorschriften erlassen, z.b. das JAG NRW für die juristische staatliche Pflichtfachprüfung, und daneben die gemäß § 124 IV HG NRW im Einverständnis mit den Kirchen erlassenen Prüfungsordnungen.

Vorschriften des allgemeinen Beamtenrechts (BBRG, LBG NRW) können die Prüfungsfreiheit aufgrund des besonderen beamtenrechtlichen Doppelstatus der Hochschullehrer und der Tatsache, dass Art. 5 III 1 GG vorbehaltlos gewährleistet wird, dagegen nicht ausgestalten.[85]

V. Schranken der Prüfungsfreiheit

Aufgrund ihrer Ausgestaltungsbedürftigkeit, besteht eine Kollision mit dem Grundrecht der Prüfungsfreiheit nur in den Fällen, in welchen durch die einfach-gesetzlich statuierten Vorgaben Rückwirkungen auf die inhaltliche und methodische Freiheit des Hochschullehrers ausgehen.[86] Dann hat sich das Ausgestaltungsgesetz in ein Eingriffsgesetz gewandelt, das rechtfertigungsbedürftig ist. Organisatorische Normen sind daher, mit Rücksicht auf die grundrechtlich geschützten Lebensbereiche, in der Art zu prüfen, wie es bei der Legitimität von Grundrechtsschranken üblich ist.[87]

Eine spezifische Schranke der Lehrfreiheit wird mit der besonderen Verfassungstreue in Art. 5 III S. 2 GG statuiert, deren Zweck darin besteht, dass sich die Lehre nicht auf böswillige, aggressive oder verächtliche Weise gegen die freiheitlich-demokratische Grundordnung richtet.[88] Daraus folgt, dass derartige Inhalte auch nicht Gegenstand von Prüfungen sein können.

Ansonsten unterliegt die Wissenschaftsfreiheit – und damit auch die Prüfungsfreiheit – keinem ausdrücklichen Schrankenvorbehalt. Diesbezügliche Eingriffe können folglich nur durch kollidierendes Verfassungsrecht gerechtfertigt sein[89], wobei auch hier der Grundsatz des grundrechtlichen Gesetzesvorbehalts zu beachten ist.[90] Schranken der Prüfungsfreiheit ergeben sich vor allem aus dem Grundrecht der Studenten aus Art. 12 I GG, dem Rechtsstaatsprinzip und dem Gebot der Chancengleichheit aus Art. 3 I GG.[91] Solche Kollisionen müssen gerechtfertigt sein und nach dem Prinzip der

---

[82] BVerfGE 93, 85 (93); Kempen, in: Hartmer/Detmer, Hochschulrecht, 2. Aufl. 2011, Kap. I Rn. 26.; *Bethge*, in: Sachs, GG, 6. Aufl, 2011, Art. 5, Rn. 211.
[83] BVerfGE 55, 37 (68); BVerwG, NVwZ 1991, 1082 (1082); BayVGH, NVwZ-RR 2002, 839, (839); *Kempen*, in: Hartmer/Detmer, Hochschulrecht, 2. Aufl. 2011, Kap. I Rn. 26; *Stern*, in: Festschrift für Herzog, 2009, S. 517.
[84] *Quapp*, DVBl. 2011, 665.
[85] *Waldeyer*, NVwZ 2008, 269; *Erichsen*, VerwArch 71 (1980), S. 438; *Epping*, ZBR 1997, 386f.
[86] BVerwG, NVwZ-RR 2006, 36, (36); *Karpen/Hillermann*, JZ 2007, 979f, *Gärditz*, WissR 40 (2007), S. 73.
[87] *Starck*, in: v. Mangold/Klein/Starck, GG, 6. Aufl. 2010, Art. 5 Abs. 3, Rn. 380, 417.
[88] *Bethge*, in Sachs, GG, 6. Aufl. 2011, Art. 5 GG Rn. 227.
[89] *Hufen*, Staatsrecht II, 2. Aufl. 2009, § 34 Rn. 26f.; *Epping*, ZBR 1997, 383.
[90] BVerfGE 107, 104 (120); *Hufen*, Staatsrecht II, 2. Aufl. 2009, § 9 Rn. 30.
[91] *Wortmann*, NWVBl. 1992, 305.

praktischen Konkordanz in ein ausgeglichenes Verhältnis gebracht werden.[92]

C. Dienstrechtliche Ausgestaltung der Prüfungsfreiheit

Ihre maßgebliche Ausgestaltung erfährt die Prüfungsfreiheit durch das vom Gesetzgeber geschaffene Dienstrecht der Hochschullehrer, denn der beamtenrechtliche Doppelstatus der Hochschullehrer modifiziert ihr Dienstverhältnis dahingehend, dass die Rechte des Hochschullehrers zwar in Art. 5 III 1 GG angelegt sind, aber regelmäßig erst durch eine dienstrechtliche Ausgestaltung zur Geltung kommen.[93] In der Literatur wird vorgebracht, dass aufgrund der hohen Relevanz von Prüfungen hinsichtlich der Berufsfreiheit der Studierenden staatliche Einflussnahmen im Bereich der Prüfungsvorgaben in höherem Maße zulässig sein müssten.[94] Dieses Anliegen ist in der Sache richtig, muss aber nach der hier vertretenen Konzeption der Prüfungsfreiheit differenzierter betrachtet werden: Auch für die dienstrechtlichen Vorgaben gilt der Grundsatz, dass diese nur dann nicht an Art. 5 III 1 GG zu messen sind, soweit sie sich innerhalb der einfach-gesetzlich gezogenen Grenzen, ergo dem Ausschluss eines Eingriffs in den Kernbereich der Prüfungsfreiheit, bewegen.[95] Darüber hinausgehende Regelungen stellen klassische Grundrechtseingriffe dar und sind mit kollidierenden Grundrechten in Einklang zu bringen.

Dagegen erscheint aber eine Differenzierung der Anforderungen nach der Funktion der jeweiligen Prüfung sinnvoll. Vorlesungsbegleitende Prüfungen eröffnen dem Prüfer grundsätzlich weitergehende Freiheiten als Abschlussprüfungen zum Ende des Studiums oder eines bedeutenden Zwischenabschnitts.[96]

I. Prüfungsverpflichtung des Hochschullehrers

Die zentrale Vorschrift zur Prüfertätigkeit des Hochschullehrers ist § 35 I 2 HG NRW, wonach die Abnahme von Prüfungen eine hauptberufliche Pflicht des Hochschullehrers darstellt. § 35 II 1 HG NRW ordnet ergänzend an, dass die Hochschullehrer im Rahmen der für ihr Dienstverhältnis geltenden Regelungen berechtigt und verpflichtet sind, in ihren Fächern in allen Studiengängen und Studienabschnitten zu lehren und Prüfungen abzunehmen. Daraus folgt, dass alle Hochschullehrer als Prüfer bestellt werden können.[97]

Der Begriff der Prüfung wird ferner durch § 15 I 1 HRG sowie § 63 I 1 HG NRW näher bestimmt. Prüfungen im Sinne des § 35 HG NRW sind demnach Hochschulprüfungen, staatliche und kirchliche Prüfungen, wobei alle drei Prüfungsarten vom dienstlichen Aufgabenbereich des Hochschullehrers erfasst sind.[98] Umstritten ist aber, ob sie allesamt dessen Hauptamt zuzuordnen sind[99] oder die staatlichen und kirchlichen Prüfungen nur im Nebenamt abgenommen werden.[100] Eine gesetzliche Klarstellung, so wie sie in anderen Bundesländern teilweise vorzufinden ist[101], existiert für NRW nicht. Eine Zuordnung zum Hauptamt ließe sich wohlmöglich durch den Wortlaut des § 35 I 2 HG NRW

---

[92] *Hufen*, Staatsrecht II, 2. Aufl. 2009, § 9 Rn. 31; *Epping*, ZBR 1997, 383.
[93] *Epping*, ZBR 1997, 383; *Gärditz*, WissR 40 (2007), S. 72.
[94] *Stern*, in: Festschrift für Herzog, 2009, S. 519.
[95] *Kaufhold*, NJW 2010, 3278f.
[96] *Kaufhold*, Die Lehrfreiheit – ein verlorenes Grundrecht?, 2006, S. 216f.; *Stern*, in: Festschrift für Herzog, 2009, S. 519.
[97] *Thieme*, Deutsches Hochschulrecht, 3. Aufl. 2004, Rn. 391.
[98] *Waldeyer*, NVwZ 2001, 891.
[99] So: *Waldeyer*, NVwZ 2001, 893; *Walter*, NVwZ 1988, 413f.
[100] Dahingehend: *Thieme*, Deutsches Hochschulrecht, 3. Aufl. 2004, Rn. 389; *Schnellenbach*, in: Hartmer/Detmer, Hochschulrecht, 2. Aufl. 2011, Kap. XII Rn. 44.
[101] z.B. § 46 I S. 2 Nr. 7 LHG BW

rechtfertigen, wonach die Prüfungstätigkeit zu den hauptberuflichen Pflichten des Hochschullehrers gehört und keine weitergehende Differenzierung stattfindet. Allerdings spricht die Systematik der Norm dafür, dass sich die diesbezügliche Anordnung ausschließlich auf Hochschulprüfungen bezieht, denn die Zuweisung ist eingebettet in einen Aufgabenkatalog von Hochschulpflichten. Für eine Ausübung von staatlichen und kirchlichen Prüfungen im Nebenamt lässt sich ferner die Tatsache anführen, dass für diese Tätigkeit regelmäßig eine besondere Bestellungsurkunde erteilt wird.[102] Der BFH hat in einem Urteil vom 29.01.1987 die Prüfungstätigkeit eines Hochschullehrers am Landesjustizprüfungsamt ebenfalls unter eine Steuerbefreiungsvorschrift für Einnahmen aus nebenberuflicher Tätigkeit subsumiert.[103] Begründet wurde diese Einordnung mit dem Argument, dass eine funktionelle Trennung zwischen Hochschulprüfungen und staatlichen Prüfungen bestehe, denn beide Prüfungsverfahren seien verselbstständigt. Staatliche Prüfungen finden grundsätzlich nicht an Hochschulen statt und erlauben zudem die Berufung von Prüfern, die selbst keine Hochschullehrer sind.[104] Somit spricht vieles dafür, die Prüfertätigkeit an der Hochschule dem Hauptamt des Hochschullehrers und diejenige an staatlichen und kirchlichen Prüfungsämtern dem Nebenamt zuzuordnen.

Zum Spektrum der Prüfungsverpflichtung gehören sämtliche Tätigkeiten, welche sich auf die Prüfung als solche beziehen, sowie Hilfstätigkeiten, die im Zusammenhang mit der Prüfungsdurchführung stehen.[105] Die Haupttätigkeiten reichen vom Entwurf einer Klausur über die Teilnahme an mündlichen Prüfungen bis hin zur Prüfungsbewertung. Zur Hilfstätigkeit gehört die Klausurenaufsicht, wobei diese mangels der Notwendigkeit einer besonderen wissenschaftlichen Befähigung ebenfalls von sonstigen Mitarbeitern durchgeführt werden kann.[106] Der Beisitz bei einer mündlichen Prüfung hingegen stellt keine Prüfertätigkeit dar, denn dem Beisitzer steht weder ein Bewertungs- noch ein Fragerecht zu.[107]

II. Prüfungsberechtigung

§ 35 II 1 HG NRW spricht eindeutig auch eine Berechtigung der Hochschullehrer aus, Prüfungen abnehmen zu dürfen. Fraglich ist jedoch, wie weit eine derartige Berechtigung reicht und ob darüber hinaus möglicherweise sogar ein umfassendes, aus Art. 5 III 1 GG abzuleitendes, subjektives Recht auf Prüfungsteilnahme besteht.

In der (älteren) Literatur wurde oftmals der Grundsatz „*wer lehrt, prüft*" angeführt[108], wonach aus Art. 5 III 1 das Recht aller Hochschullehrer folge, an Prüfungen beteiligt zu werden.[109] Dieser Grundsatz enthalte zugleich aber keinen Anspruch, eine spezielle Studentenschaft (z.B. die Hörer einer Vorlesung) prüfen zu dürfen, noch ein Recht der Studenten, auf einen bestimmten Prüfer.[110] Der Prüfer darf die Teilnahme an einer Prüfung auch nicht davon abhängig machen, dass zuvor ein Leistungsnachweis bei ihm

---

[102] *Thieme*, Deutsches Hochschulrecht, 3. Aufl. 2004, Rn. 392.
[103] BFH, NVwZ 1988, 479 (479f.).
[104] BFH, NVwZ 1988, 479 (480).; zustimmend: *Lecheler*, NVwZ 1988, 802ff.; a.A.: *Walter*, NVwZ 1988, 413f.
[105] *Waldeyer*, NVwZ 2001, 892.
[106] *Waldeyer*, NVwZ 2001, 892.
[107] *Waldeyer*, NVwZ 2001, 892.
[108] *Bode*, in: Dallinger/Bode/Dellian, HRG, 1978, § 15 Rn. 8; *Lennartz*, in: Denninger, HRG, 1984, § 15 Rn. 23.
[109] *Denninger*, in: Wassermann, AK-GG, Art. 5 Abs. 3, 1984, Rn. 60.
[110] *Denninger*, in: Wassermann, AK-GG, Art. 5 Abs. 3, 1984, Rn. 60., *Waldeyer*, in: Hailbronner/Geis, HRG, Loseblatt, Stand 1999, § 15 Rn. 50f; OVG Lüneburg, Beschluss vom 16.03.2010, Az.: 2 ME 143/10, juris Rn. 22; *Quapp*, DVBl. 2011, 669.

erworben wurde.[111] So wie die Freiheit der Lehre und die damit verbundene Berechtigung des Hochschullehrers, die Lehrveranstaltungen selbst auszuwählen, durch die Gewährleistung eines ordnungsgemäßen Lehrbetriebs begrenzt werden kann[112], so muss dies auch für die Prüfungsfreiheit gelten. Die Berufung als Prüfer für ein bestimmtes Fach trifft die Prüfungsbehörde somit nach pflichtgemäßem Organisationsermessen.[113] Eine Ermessensreduzierung ist dahingehend vorzunehmen, dass die letztlich in der Prüfungsfreiheit des Art. 5 III 1 GG wurzelnde Prüfungsberechtigung dem Hochschullehrer im Kern nicht vollends verwehrt werden kann.[114] Der Wandel eines Ausgestaltungsgesetzes in einen Eingriff in die Prüfungsfreiheit liegt daher dann vor, wenn dem Hochschullehrer jegliche Prüfertätigkeit entzogen wird.

III. Prüfungsfach

Die Prüfungsverpflichtung und -berechtigung wird gemäß § 35 II 1 HG NRW fachbezogen festgelegt, indem sie auf die „Fächer" der Hochschullehrer beschränkt ist.[115] Hier stellt sich die Frage, wann ein Hochschullehrer noch innerhalb seines Faches lehrt und prüft und ob Art. 5 III 1 GG diesem das Recht gewährt, Veränderungen des Aufgabenbereichs abzuwehren. Diese Frage ist noch weitgehend ungeklärt.[116] Der Doppelstatus der Professoren führt dazu, dass sich die Vorschriften des allgemeinen Beamtenrechts an Art. 5 III 1 GG messen lassen müssen.[117] Der Hochschullehrer hat damit ein geschütztes Recht an seinem konkret-funktionalem Amt, für welches er berufen wurde.[118] Daraus folgt, dass er auch nur in diesem Fachgebiet prüfen muss. Das jeweilige Fachgebiet kann wiederum ausschließlich durch die Qualifikation des Prüfers definiert werden.[119] Für habilitierte Professoren ergibt sich diese aus der Lehrbefugnis (sog. venia legendi).[120] Fachhochschulprofessoren sowie Juniorprofessoren sind dagegen in der Regel nicht habilitiert. Eine diesbezügliche Eingriffsbefugnis wird aber ebenfalls durch ihre bisherige wissenschaftliche Kompetenz begrenzt.

Damit kann festgehalten werden, dass fachbezogene Veränderungen, welche über die wissenschaftliche Lehrbefähigung hinausgehen, keine Ausgestaltungen der Prüfungsfreiheit darstellen, sondern in Art. 5 III 1 GG eingreifen.

IV. Fachliche Qualifikation des Prüfers

Eine wichtige Ausgestaltung der Prüfungsfreiheit betrifft die Vorgabe zur Qualifikation eines Prüfers. § 65 II HG NRW wiederholt insoweit die rahmenrechtliche Vorgabe des § 15 IV HRG und spricht die Prüferbefähigung und die damit einhergehende Bewertungsbefugnis von Prüfungsleistungen nur zugunsten derjenigen Personen aus, welche selbst mindestens die durch die Prüfung festzustellende oder eine gleichwertige Qualifikation besitzen. Diese Vorgaben sind als Mindestvoraussetzungen anzusehen[121] und sollen sicherstellen, dass der Prüfer in der Lage ist, eine freie, unabhängige und professionelle Beurtei-

---

[111] OVG Berlin, KMK-HSchR 1986, 222,(222).
[112] VGH Baden-Württemberg, DÖV 2003, 380 (380).
[113] *Schnellenbach*, in: Hartmer/Detmer, Hochschulrecht, 2. Aufl. 2011, Kap. XII Rn. 43.
[114] *Zimmerling/Brehm*, Prüfungsrecht, 3. Aufl. 2007, Rn. 238; OVG Koblenz, Beschluss v. 21.12.1995, 2 B 13481/95.OVG (n.v.)
[115] *Waldeyer*, NVwZ 2008, 266.
[116] *Waldeyer*, NVwZ 2008, 268.
[117] *Waldeyer*, NVwZ 2008, 269.
[118] BVerwGE 124, 310, (315ff.); *Waldeyer*, NVwZ 2008, 269.
[119] VG Ansbach, F&L 2007, 354 (354).
[120] *Waldeyer*, NVwZ 2008, 269.
[121] *Schnellenbach*, in: Hartmer/Detmer, Hochschulrecht, 2. Aufl. 2011, Kap. XII Rn. 42.

lung abzugeben, die mit Blick auf die verfassungsrechtlichen Gebote sachgerechter Prüfungsentscheidungen sowie der Chancengleichheit der Prüflinge zwingend geboten ist.[122] Als Qualifikationsnachweis des Prüfers ist es nicht zwingend erforderlich, dass dieser genau die gleiche Prüfung wie die des Prüfungskandidaten abgelegt hat.[123] Die Gleichwertigkeit einer fachlichen Qualifikation muss aber nach formalen Kriterien in Relation zur spezifischen Prüfungsart festgestellt werden.[124] Diese müssen anhand förmlicher Leistungs- und Befähigungsnachweise erbracht werden, um die nötige Sachkunde und den Fachbezug des Prüfers zu bescheinigen und unterliegen damit nicht der bloßen Einschätzungsprärogative des Prüfungsamtes bzw. der Prüfungsbehörde.[125]

1. Allgemeine Hochschulprüfungen

Zur Abnahme von allgemeinen Hochschulprüfungen, d.h. beispielsweise Leistungsnachweisen, vorlesungsbasierten Klausuren oder Abschlussprüfungen, genügt folglich die gleiche oder gleichwertige Qualifikation des Prüfers. Magister- und Diplomgrade sind dabei als gleichwertig anzusehen.[126] Weiterhin sind die Masterabschlüsse dem Diplom- und Magistergrad und der Bachelorabschluss dem Diplomabschluss an einer Fachhochschule gleichgestellt.[127] Promotionen gelten für die Prüfungsbefähigung jedenfalls als gleichwertig, so dass ein promovierter Prüfer auch Diplom-, Magister- sowie Bachelor- und Masterprüfungen abnehmen kann, ohne diese Qualifikation selbst zu besitzen.[128] Diese Voraussetzungen erfüllen sowohl die Qualifikationen der Universitätsprofessoren, der Juniorprofessoren als auch der Fachhochschul-Professoren, denn ihre Berufung setzt zumindest den Abschluss eines Studiums sowie in der Regel auch eine Promotion voraus.[129]

2. Promotionen

Umstritten sind dagegen die Qualifikationsnachweise im Promotions-verfahren. Während einige Autoren auch hier die gleiche Qualifikation in Form einer Promotion für ausreichend halten[130], fordert eine andere Ansicht unter Berufung auf die Rechtsprechung[131] darüber hinausgehende Befähigungen. Begründet wird dies mit dem hohen wissenschaftlichen Stellenwert einer Promotion, für deren Beurteilung eine besondere wissenschaftliche Befähigung des Prüfers vorausgesetzt würde. Diese müsse in einem förmlichen Verfahren nachgewiesen werden und Habilitationsniveau erreichen.[132]

---

[122] BVerwG, DÖV 1979, 753 (753); *Weber*, in: Leuze/Epping, HG NRW, Loseblatt, Stand 2007, § 65 Rn. 10; *Schnellenbach*, in: Hartmer/Detmer, Hochschulrecht, 2. Aufl. 2011, Kap. XII Rn. 41; *Waldeyer*, NVwZ 2001, 893; *Niehues*, in: Niehues/Fischer, Prüfungsrecht, 5. Aufl. 2010, Rn. 304ff.
[123] BVerwG, DÖV 1992, 884 (884).
[124] *Niehues*, in: Niehues/Fischer, Prüfungsrecht, 5. Aufl. 2010, Rn. 306; *Weber*, in: Leuze/Epping, HG NRW, Loseblatt, Stand 2007, § 65 Rn. 11, 13.
[125] *Schnellenbach*, in: Hartmer/Detmer, Hochschulrecht, 2. Aufl. 2011, Kap. XII Rn. 41.
[126] *Waldeyer*, in: Hailbronner/Geis, HRG, Loseblatt, Stand 1999, § 15 Rn. 41.
[127] Punkt 8 des Beschlusses der Kultusministerkonferenz vom 13.10.2003, „Ländergemeinsame Strukturvorgaben gemäß § 9 Abs. 2 HRG für Akkreditierung von Bachelor- und Masterstudiengängen"; *Weber*, in: Leuze/Epping, HG NRW, Loseblatt, Stand 2007, § 65 Rn. 11.
[128] *Thieme*, Deutsches Hochschulrecht, 3. Aufl. 2004, Rn. 390.
[129] *Waldeyer*, Das Recht der Fachhochschulen, in: Hailbronner/Geis, HRG, Band 2, Loseblatt, Stand 2000, Rn. 67.
[130] *Waldeyer*, in: Hailbronner/Geis, HRG, Loseblatt, Stand 1999, § 15 Rn. 42ff; *Epping*, in: Leuze/Epping, HG NRW, Loseblatt, Stand 2009, § 67 Rn. 32f.
[131] BVerfGE 88, 129 (140).
[132] *Hufen/Geis*, in: Festschrift für Werner Thieme, 1993, S. 30, 34.

Dann aber stellt sich die Frage, inwieweit im Falle des Erfordernisses einer über die Promotion hinausgehenden wissenschaftlichen Befähigung auch den Fachhochschul- und den Juniorprofessoren das Promotionsrecht zugesprochen werden kann, denn de facto wären nach dieser Ansicht nur die habilitierten Universitätsprofessoren als Prüfer zugelassen.

Traditionell steht das Promotionsrecht den Universitäten zu.[133] Dies wird auch durch § 67 I 1 HG NW zum Ausdruck gebracht. Selbstverständlich hindert dies die Fachhochschulen nicht daran, ein Promotionsrecht einzufordern.[134] Derartige Bestrebungen sind durchaus berechtigt, denn die Rechtsprechung des BVerfG zum Erfordernis besonderer wissenschaftlicher Befähigungen[135] gibt Anlass zu Bedenken: Zunächst einmal weisen auch die Fachhochschullehrer gemäß § 36 I Nr. 3 HG NRW ihre besondere Befähigung zu wissenschaftlicher Arbeit durch die Qualität einer Promotion nach. Außerdem findet eine ständig fortschreitende Annäherung zwischen Universitäten und Fachhochschulen statt.[136] So können beispielsweise Bachelor- und Masterabschlüsse unterschiedslos von beiden Hochschularten vergeben werden. Es gibt darüber hinaus sogar hochschulpolitische Stimmen, die langfristig auf die Habilitation als die ausschließlich der Universität zustehende Qualifikationsprüfung verzichten wollen.[137] Als erste Bemühungen in diese Richtung kann auch die Einführung der Juniorprofessur angesehen werden. Juniorprofessoren gehören zur Gruppe der Hochschullehrer und sind selbst promoviert. Ihnen wird eine Promotionsberechtigung allgemein zugesprochen.[138] Dies folgt bereits aus der Regierungsbegründung zur Neuregelung des § 43 HRG.[139]

Nach alledem erscheint es konsequent, auch die promovierten Fachhochschullehrer in den Kreis der promotionsberechtigten Prüfer aufzunehmen. Dafür spricht zusätzlich, dass das in § 67 VI HG NRW festgelegte kooperative Verfahren sogar explizit die gemeinsame Betreuung von Fachhochschulabsolventen im Promotionsverfahren durch Universitäten und Fachhochschulen vorsieht.

3. Habilitationen

Der Qualifikationsnachweis im Habilitationsverfahren besteht in der selbstständige Habilitation des Prüfers. Diese Voraussetzungen erfüllt – mit Ausnahme weniger habilitierter Fachhochschulprofessoren – ausschließlich die Hochschullehrergruppe der Universitätsprofessoren.[140] Auch das Habilitationsverfahren stellt eine berufsbezogene Prüfung dar, die an Art. 12 I GG zu messen ist.[141] Das Gebot der sachkundigen Bewertung vermittelt dem Prüfungskandidaten daher auch das Recht einer Bewertung der Habilitationsschrift durch hinreichend sachkundige Personen. Es ist dennoch mit Art. 12 I GG vereinbar, wenn nicht jedes einzelne Mitglied der Prüfungskommission von der Habilitationsschrift unmittelbare Kenntnis er-

---

[133] BVerfGE 61, 210, (244f.); *Epping*, in: Leuze/Epping, HG NRW, Loseblatt, Stand 2009, § 67 Rn. 1.
[134] *Loos*, Die neue Hochschule, 2006, Heft 4-5, S.3; *Hartmer*, in: Hartmer/Detmer, Hochschulrecht, 2. Aufl. 2011, Kap. V Rn. 10.
[135] BVerfGE 88, 129 (140).
[136] So bereits schon BVerfGE 61, 210 (246f.).
[137] *Hartmer*, in: Hartmer/Detmer, Hochschulrecht, 2. Aufl. 2011, Kap. V Rn. 10.
[138] *Hoins*, NVwZ 2003, 1344; *Hartmer*, in: Hartmer/Detmer, Hochschulrecht, 2. Aufl. 2011, Kap. V Rn. 127.
[139] BT-Dr. 14/6853, S. 24.
[140] *Weber*, in: Leuze/Epping, HG NRW, Loseblatt, Stand 2007, § 65 Rn. 12.
[141] BVerwGE 95, 237 (245).

langt, sondern die Entscheidung über die Annahme oder Ablehnung durch hinreichend sachkundige Gutachter vorbereitet werden.[142]

D. Reichweite und Grenzen einzelner Prüfertätigkeiten

Im Folgenden sollen noch einmal die drei Kernbereiche der Prüfungsfreiheit, insbesondere deren Ausgestaltung und Beschränkungen durch Studien- und Prüfungsordnungen sowie die diesbezüglichen – teilweise auch fragwürdigen – Entscheidungen der Rechtsprechung näher untersucht werden.

1. Auswahl des Prüfungsgegenstandes

Den ersten Kernbereich der Prüfungsfreiheit stellt die Auswahl des Prüfungsgegenstandes dar. Ziel jeder Prüfung muss es zunächst sein, dass der vom Prüfer ausgewählte Prüfungsstoff dazu geeignet ist, ein ausreichendes Urteil über die Leistungsfähigkeiten des Prüflings zu treffen.[143] Die konkrete Umsetzung dieses Ziels ist durch die Prüfungsfreiheit innerhalb der geschaffenen Vorgaben geschützt und kann durch die Verwaltungsgericht kontrolliert werden.[144]

Es stellt daher einen Verstoß gegen das Gebot der Chancengleichheit dar, wenn der Prüfer im Vorfeld der Prüfung, den Inhalt der Prüfungsaufgaben, lediglich einzelnen Prüfungskandidaten mitteilt.[145] Rechtswidrig sind auch solche Fälle, in denen die Prüflinge ihre Prüfungsaufgaben vorab kannten, so dass sie diese lediglich auswendig lernen mussten.[146]

Der Prüfungsstoff muss dem vorgegebenen Lehrstoff folgen[147]. Fachkenntnisse der Prüflinge sind dann zu erwarten, wenn diese in der entsprechenden Lehrveranstaltung tatsächlich erörtert wurden.[148] Es stellt daher auch keinen unzulässigen Eingriff in Art. 12 I GG dar, wenn aktuelle Veränderungen auf dem Sachgebiet, z.B. Gesetzes- oder Rechtsprechungsänderungen, zum Gegenstand einer Prüfung gemacht werden.[149] Gehören laut Prüfungsordnung zu einem Prüfungsgebiet lediglich die Kenntnisse der Grundzüge eines Sachgebiets[150], folgt daraus, dass eine Prüfung der allgemeinen Grundlagen stets zulässig ist und darüber hinausgehende Fachfragen nur dann Prüfungsgegenstand sein können, soweit sie in der Praxis von erheblicher Bedeutung sind und in der einschlägigen Ausbildungsliteratur dargestellt werden.[151] Das Abfragen von Allgemeinwissen ist nur im begrenzten Rahmen zulässig. Voraussetzung ist, dass es mit dem angestrebten Berufsabschluss jedenfalls in einem sinnvollen Zusammenhang steht oder dazu dient, einen Sachbereich einzuleiten.[152]

---

[142] BVerwGE 95, 237 (248f.); *Wolkewitz*, NVwZ 1999, 851.
[143] *Niehues*, in: Niehues/Fischer, Prüfungsrecht, 5. Aufl. 2010, Rn. 380; *Waldeyer*, in: Hailbronner/Geis, HRG, Loseblatt, Stand 1999, § 15 Rn. 54.
[144] VGH Mannheim, Urteil vom 09.05.1995, Az.: 9 S 2341/93, juris Rn. 21.
[145] *Niehues*, in: Niehues/Fischer, Prüfungsrecht, 5. Aufl. 2010, Rn. 381.
[146] BFH, NVwZ-RR 2000, 299 (301).
[147] VG Augsburg, Urteil vom 13.01.2009, Az.: Au 3K 08.791, juris Rn. 33; *Niehues*, in: Niehues/Fischer, Prüfungsrecht, 5. Aufl. 2010, Rn. 385.
[148] *Niehues*, in: Niehues/Fischer, Prüfungsrecht, 5. Aufl. 2010, Rn. 387.
[149] FG Hamburg, EFG 1998, 841 (841); *Brehm/Zimmerling*, NVwZ 2000, 883.
[150] So sind beispielsweise in der Ersten juristischen Staatsprüfung ausgewählte Bereiche des Familienrechts gemäß § 11 I Nr. 1 lit e JAG lediglich „im Überblick" Prüfungsgegenstand.
[151] VGH Mannheim, Urteil vom 09.05.1995, Az.: 9 S 2341/93, juris Rn. 23.
[152] BVerwG, NVwZ 1987, 977 (978).

Das Bestimmtheitsgebot spiegelt sich darin wieder, dass der Prüfling anhand der Aufgabenstellung eindeutig in der Lage sein muss, die ihm abverlangt Leistung zu erfassen.[153] Mehrdeutige Aufgabenstellungen sind nur dann zulässig, wenn es erkennbar darum gehen soll, alternative Lösungswege aufzuzeigen.[154] Im Rahmen der methodischen Freiheit des Prüfers, ist das Antwort-Wahl-Verfahren, sog. „multiple choice test" – unter der Voraussetzung, dass eine entsprechende Rechtsgrundlage existiert[155] – als zulässige Prüfungsmethode anzusehen.[156] Zusammenfassend zeigt sich, dass der Prüfer durch die Vorgaben der Studien- und Prüfungsordnungen stark begrenzt ist. Seine Freiheit erstreckt sich lediglich auf die konkrete inhaltliche Auswahl des Prüfungsstoffes[157] wie z.b. der Gestaltung eines Sachverhalts in juristischen Fallklausuren.

2. Durchführung von Prüfungen

Der zweite Kernbereich der Prüfungsfreiheit betrifft maßgeblich das Prüferverhalten im Rahmen der tatsächlichen Prüfungssituation.

a. Prüferverhalten und Befangenheit

Ausgeschlossene (§ 20 VwVfG) oder befangene (§ 21 VwVfG) Prüfer verletzten das Gebot der Chancengleichheit und das Rechtsstaatsprinzip (Art. 20 III GG), wenn sie an Prüfungen mitwirken.[158] Gehört der Prüfer zu dem von § 20 VwVfG erfassten Personenkreis und weist damit eine persönliche Verbindung zu dem Prüfling auf, ist er kraft Gesetzes von der Prüfung ausgeschlossen.[159]
Der Befangenheitstatbestand ist dann erfüllt, wenn Misstrauen gegen eine unparteiische Amtsausführung besteht, d.h. der Prüfer nicht die notwendige Distanz oder die gebotene sachliche Neutralität und Fairness aufbringen kann.[160] Fairness umschreibt die Prüferverpflichtung, etwaige Umgangsformen angemessen zu beachten und keinen psychischen Druck auf den Prüfling auszuüben.[161] Hierfür bedarf es objektiver Anhaltspunkte, die allerdings aus der subjektiven Sichtweise des Prüflings zu beurteilen sind[162] und sich auf Tatsachen stützen lassen können.[163] Dazu gehören beispielsweise persönliche oder wirtschaftliche Abhängigkeiten zwischen Prüfer und Prüfling[164] oder abwertende Äußerungen des Prüfers, die durch Randbemerkungen oder mündliche Aussagen erfolgen können. Dabei begründen drastische Formulierungen, sofern sie sachlich bleiben, noch nicht die Besorgnis der Befangenheit.[165] Das Gebot der Sachlichkeit fordert in diesem Rahmen eine innere Distanz und Gelassenheit des Prüfers.[166]

---

[153] BFH, NVwZ-RR 2000, 292 (294).
[154] *Niehues*, in: Niehues/Fischer, Prüfungsrecht, 5. Aufl. 2010, Rn. 396ff.
[155] OVG Bautzen, NVwZ-RR 2003, 853 (853).
[156] *Birnbaum*, LKV 2004, 533f.
[157] VGH Mannheim, Urteil vom 09.05.1995, Az.: 9 S 2341/93, juris Rn. 21; *Brehm/Zimmerling*, NVwZ 2000, 883.
[158] *Weber*, in: Leuze/Epping, HG NRW, Loseblatt, Stand 2007, § 65 Rn. 20.
[159] *Weber*, in: Leuze/Epping, HG NRW, Loseblatt, Stand 2007, § 65 Rn. 21.
[160] BVerwG, DVBl. 1985, 1069, (1069); BVerwG, NVwZ-RR 1999, 438, (439); BVerwG, NVwZ 1985, 187 (187f.); *Schnellenbach*, in: Hartmer/Detmer, Hochschulrecht, 2. Aufl. 2011, Kap. XII Rn. 49.
[161] BVerwGE 55, 355 (358ff.); 70, 143 (144ff.); OVG Münster, NVwZ 1988, 458 (458); *Weber*, in: Leuze/Epping, HG NRW, Loseblatt, Stand 2007, § 65 Rn. 28.
[162] ; *von Golitschek*, BayVBl. 1994, 301.
[163] *Wagner*, DVBl. 1990, 185.
[164] *Salzwedel*, in: Hdb WissR, 2. Aufl. 1996, S. 745.
[165] *Leuze*, PersV 2010, 407; OVG Münster, NWVBl. 1994, 135, 135.
[166] OVG Münster, NVwZ 1993, 94,(94); *Weber*, in: Leuze/Epping, HG NRW, Loseblatt, Stand 2007, § 65 Rn. 30.

Ebenso ist ein Prüfer nicht bereits dann befangen, wenn er im Prüfungsgespräch kühl und verschlossen wirkt.[167] Die Grenze verläuft allerdings dort, wo Prüferäußerungen emotional aufgeladen sind[168] und erhebliche Zweifel an der Selbstbeherrschung des Prüfers bestehen. Hierzu gehört z.b. die ständige Unterbrechung des Prüflings, das wiederholte Stellen von Suggestivfragen oder die Verleitung zu falschen Antworten, wodurch die ohnehin beim Prüfling vorhandene psychische Belastung noch verstärkt wird.[169] Das Bundesverwaltungsgericht (BVerwG) vertritt die Ansicht, dass in mündlichen Prüfungen „gelegentliche Entgleisungen" des Prüfers hinzunehmen seien.[170] Diese Rechtsprechung erscheint allerdings höchst fragwürdig, denn selbst vereinzelte „Entgleisungen" können den bereits nervösen Prüfungskandidaten erheblich verunsichern und schwerwiegenden Einfluss auf den weiteren Verlauf der Prüfung haben.[171] Daher ist auch *Leuze* zuzustimmen, wenn er anführt, dass die deutsche Sprache genug Möglichkeiten biete, falsches als falsch zu bezeichnen, ohne Vokabeln wie *„Unsinn oder Blödsinn"* in Anspruch zu nehmen.[172] In solchen Konstellationen kann auch das allgemeine Persönlichkeitsrecht (Art. 2 I GG i.V.m. Art. 1 I GG) des Prüflings als Grenze der Prüfungsfreiheit fungieren. Mithin müssen selbst vereinzelte Entgleisungen des Prüfers vom Prüfling nicht hingenommen werden.[173] Gleiches gilt für den Gebrauch von Ironie.[174]

b. Prüfungsdauer

Die Bearbeitungsdauer von schriftlichen Prüfungen wird durch die Prüfungsordnung festgelegt und darf nicht überschritten werden. Ein weitreichender Prüferfreiraum besteht hingegen bei mündlichen Prüfungen, für welche in der Regel nur ein Orientierungszeitfenster vorgegeben wird und zeitliche Abweichungen nach oben sowie nach unten zulässt.[175]
Die Prüfungsdauer ist am Gleichbehandlungsgrundsatz des Art. 3 I GG zu messen. Entscheidend ist, dass der Prüfer sich innerhalb der Prüfungszeit ein angemessenes und hinreichend sicheres Bild vom Leistungsstand und den Befähigungen des Prüfungskandidaten machen kann.[176] Gleich gelagerte Fälle dürfen demnach nicht ohne sachlichen Grund anders behandelt werden. Ein diesbezüglicher Verfahrensfehler muss überdies aber so wesentlich sein, dass er sich auf das Prüfungsergebnis auswirkt. Dies wurde beispielsweise bei einer Zeitüberschreitung von 61 % angenommen.[177]

3. Bewertung von Prüfungen

Den Prüfungsbewertungen kommt als dritter Kernbereich der Prüfungsfreiheit ein besonderes Gewicht zu, denn an sie sind besonders hohe Maßstäbe der Fairness und Sachlichkeit anzulegen.[178] Sie stellen

---

[167] BVerwGE 55, 335 (335).
[168] *Weber*, in: Leuze/Epping, HG NRW, Loseblatt, Stand 2007, § 65 Rn. 23.
[169] VGH Mannheim, NVwZ 2002, 235 (235f.); *Schnellenbach*, in: Hartmer/Detmer, Hochschulrecht, 2. Aufl. 2011, Kap. XII Rn. 49.
[170] BVerwGE 55, 355 (359f.).
[171] *Weber*, in: Leuze/Epping, HG NRW, Loseblatt, Stand 2007, § 65 Rn. 23.
[172] PersV 2010, 407.
[173] VG Düsseldorf, Urteil vom 27.05.1994, Az.: 15 K 4546/91; *Leuze*, PersV 2010, 407.
[174] *Leuze*, PersV 2010, 408.
[175] *Schnellenbach*, in: Hartmer/Detmer, Hochschulrecht, 2. Aufl. 2011, Kap. XII Rn. 30.
[176] *Brehm/Zimmerling*, NVwZ 2000, 877.
[177] VGH Mannheim, NVwZ 1992, 83 (83).
[178] *Lindner*, BayVBl. 1999, 103.

Verwaltungsakte i.S.d. § 35 1 VwVfG dar[179] und können damit grundsätzlich auch gerichtlich überprüft werden. Prüfungsleistungen müssen von jedem Prüfer selbst, unmittelbar und vollständig zur Kenntnis genommen werden.[180] Das erfordert eine tatsächliche[181] und geistige Anwesenheit[182] während des gesamten Prüfungszeitpunkts sowie die ständige Vergegenwärtigung der Bewertungskriterien[183]. Eine Vorkorrektur durch geeignetes Hilfspersonal ist grundsätzlich zulässig, wobei entscheidend ist, dass der Prüfer die Korrektur nochmals selbst durchsieht und sich ein eigenständiges Urteil bildet. Eine bloße Überprüfung der Schlüssigkeit der Vorkorrektur reicht dagegen nicht aus.[184]

a. Widerspruchsverfahren und Neubewertung

Gegen die Bewertung einer Leistung im Rahmen einer berufsbezogenen Prüfung ist gemäß § 68 I 1, 2 VwGO i.V.m. § 110 I, II 1 Nr. 2 JustG NRW ein substantiiert dargelegter Widerspruch zulässig und ein entsprechendes Vorverfahren durchzuführen. Es ist dabei allgemein üblich, dass der ursprüngliche Prüfer in das Widerspruchsverfahren einzubeziehen ist und dieser – soweit er nicht befangen ist – selbst eine Überprüfung seiner Bewertung vornimmt.[185] Dies kann schon damit begründet werden, dass prüfungsspezifische Wertungen grundsätzlich subjektiv erfolgen und vor diesem Hintergrund das Gebot der Chancengleichheit eine Neubewertung durch den ursprünglichen Prüfer erfordert.[186] Dabei muss sich dieser mit den hervorgebrachten Hinweisen des Prüflings auseinandersetzen, sog. Überdenkungsverfahren.[187] Eine Berichtigung der ursprünglichen Bewertung ist bei schriftlichen Prüfungen grundsätzlich möglich.[188] Mündliche Prüfungsergebnisse können dagegen aufgrund des schwindenden Erinnerungsvermögens und der Einmaligkeit der Prüfungssituation nur dann geändert werden, wenn eindeutig feststellbare Irrtümer nachträglich festzustellen sind.[189]

Neubewertungen implizieren stets, dass der Prüfer bei seiner ursprünglichen Bewertung einen Fehler gemacht hat. Daher trifft ihn im Streitfall die Darlegungs- und Beweislast für die Rechtfertigung der geänderten Note.[190]

Außerdem muss Vertrauensschutz als Ausprägung des in Art. 20 III GG wurzelnden Rechtsstaatsprinzips[191] gewährleistet sein. Prüfungsbewertungen dürfen aus diesem Grund nicht zu einer Verschlechterung der Gesamtnote führen.[192] Die sog. reformatio in peius hindert somit auch den Prüfer an der Bean-

---

[179] BVerwGE 2, 22 (25ff.); BVerwG, NJW 1958, 274 (274f.).
[180] BVerwGE 70, 143 (145f.).
[181] BVerfG, NVwZ 1995, 469 (470).
[182] OVG Münster, NWVBl. 1992, 63 (63).
[183] *Schnellenbach*, in: Hartmer/Detmer, Hochschulrecht, 2. Aufl. 2011, Kap. XII Rn. 32.
[184] BVerwG, NVwZ 1990, 65 (65); BVerwG, Buchholz 421.0 Prüfungswesen Nr. 82; *Schnellenbach*, in: Hartmer/Detmer, Hochschulrecht, 2. Aufl. 2011, Kap. XII Rn. 32, Fn. 74; *Brehm/Zimmerling*, NVwZ 2000, 881.
[185] OVG Münster, DÖV 1994, 392 (392); OVG Münster, NWVBl. 1994, 135 (135); *Zimmerling/Brehm*, Prüfungsrecht, 2. Aufl. 2001, Rn. 449.
[186] *Fischer*, in: Niehues/Fischer, Prüfungsrecht, 5. Aufl. 2010, Rn. 687.
[187] *Fischer*, in: Niehues/Fischer, Prüfungsrecht, 5. Aufl. 2010, Rn. 783, 786ff.
[188] BayVGH, KMK-HSchR/NF 11C Nr. 1; *Zimmerling/Brehm*, Prüfungsrecht, 2. Aufl. 2001, Rn. 461.
[189] BayVGH, KMK-HSchR/NF 11C Nr. 1; *Zimmerling/Brehm*, Prüfungsrecht, 2. Aufl. 2001, Rn. 463.
[190] *Zimmerling/Brehm*, Prüfungsrecht, 2. Aufl. 2001, Rn. 462.
[191] *Kempen*, in: Hartmer/Detmer, Hochschulrecht, 2. Aufl. 2011, Kap. I Rn. 5.
[192] *Schnellenbach*, in: Hartmer/Detmer, Hochschulrecht, 2. Aufl. 2011, Kap. XII Rn. 40.

standung von Fehlern, die bei der ersten Durchsicht einer Prüfung nicht gerügt wurden.[193] Dies gilt aber nicht, soweit die Prüfungsleistung vollständig neu zu erbringen ist.[194]

b. Begründungspflicht

Der Maßstab einer Prüfungsbewertung unterfällt der Prüfungsfreiheit. Somit kann die Zuordnung der Prüflingsleistung zu bestimmten Noten nicht einfach starr bestimmt werden[195] – nicht einmal zur Bestehensgrenze.[196] Daher soll der Prüfer weder verpflichtet sein, eine allgemeine Musterlösung noch sein Bewertungssystem, beispielsweise in Form eines Punkte-Verteilungs-schlüssels, offenzulegen.[197] Eine solche Handhabung kann aber nur dann gerechtfertigt sein, wenn die Bewertungsbegründung jedenfalls aus sich selbst heraus nachvollziehbar ist, indem sie die Beweggründe des Prüfers, welche zur abschließenden Bewertung geführt haben, erkennen eindeutig lässt.[198] Eine solche Begründungspflicht gegenüber dem Prüfling folgt aus den grundrechtlichen Gewährleistungen des Art. 12 I GG sowie Art. 19 IV GG, denn nur so ist ihm eine Überprüfung und gegebenenfalls das Ersuchen von Rechtsschutz möglich.[199] Die Anforderungen an die Begründungspflicht variieren dabei zwischen schriftlichen und mündlichen Prüfungen.

Bei der Bewertung schriftlicher Prüfungen muss der Prüfer seine grundlegenden Gedankengänge zur Benotung schriftlich und verständlich festhalten.[200] Wird auf eine schriftliche Begründung verzichtet, liegt nur dann eine ausreichende Begründung vor, wenn der Prüfer auf eine ausgehändigte Musterlösung verweist.[201]

Auch für mündliche Prüfungen gilt der Grundsatz, dass die wesentlichen Gedankengänge des Prüfers bekanntgegeben werden müssen.[202] Allerdings schränkt das BVerwG das Schriftlichkeitserfordernis der Begründung dahingehend ein, dass dieses nur gewahrt werden müsse, wenn der Prüfling eine schriftliche Begründung verlange und diese zu dem Zeitpunkt noch zumutbar sei. Dies erscheint aber deswegen angemessen, da es praktisch schwer möglich wäre, ein komplettes Prüfungsgespräch mit seiner Dynamik detailliert zu protokollieren und andere Kontrollmaßnahmen wie beispielsweise eine Videoaufzeichnung einen erheblichen Eingriff in das allgemeine Persönlichkeitsrecht bzw. das Recht auf informationelle Selbstbestimmung darstellen würden[203].

c. Prüfungsspezifische Bewertungsspielräume

Die Rechtsprechung zur Prüfungsbewertung hat im Jahr 1991 eine Kehrtwende durch das BVerfG erfahren. In der Literatur wurde daraufhin sogar von einem „Blitzschlag aus Karlsruhe" gesprochen.[204]

---

[193] *Schnellenbach*, in: Hartmer/Detmer, Hochschulrecht, 2. Aufl. 2011, Kap. XII Rn. 40.
[194] *Brehm*, NVwZ 2002, 1335.
[195] VGH Baden-Württemberg, Beschluss vom 23.04.2010, Az.: 9 S 278/10, juris Rn. 2
[196] BVerfGE 84, 34 (51f.).
[197] VGH Baden-Württemberg, Beschluss vom 23.04.2010, Az.: 9 S 278/10, juris Rn. 2; *Zimmerling/Brehm*, 3. Aufl. 2007, Rn. 601.
[198] BVerfGE 99, 185 (190).
[199] BVerwG, NVwZ 1993, 677 (678).
[200] BVerwG, NVwZ 1993, 677 (678); OVG Münster, NWVBl. 1995, 225 (227); *Zimmerling/Brehm*, 3. Aufl. 2007, Rn. 632ff.
[201] OVG Saarlouis, Urteil vom 09.01.1997, Az.: 8 R 23/95 (n.v.); *Zimmerling/Brehm*, 3. Aufl. 2007, Rn. 639.
[202] BVerwGE 99, 185 (193ff.).
[203] *Knauff*, NWVBl. 2006, 450.
[204] *Seebass*, NvwZ 1992, 609.

Bis zu diesem Zeitpunkt entsprach es der ständigen Rechtsprechung der Verwaltungsgerichte, dass die Überprüfung von Hochschulprüfungen nur eingeschränkt möglich sei. Der Sinn und Zweck von Prüfungen wurde darin gesehen, dass der Prüfling gegenüber dem Prüfer seine Fähigkeiten beweisen müsse. Raum für die gerichtliche Überprüfbarkeit bestand allenfalls dann, wenn der Prüfer von falschen Tatsachen ausgegangen war, von sachfremden Erwägungen geleitet wurde oder allgemein gültige Bewertungsgrundsätze nicht beachtet hatte.[205] Diese Judikatur wurde vom BVerfG gebilligt[206] und erst mit Beschluss vom 17.04.1991[207] grundlegend geändert.

Nunmehr gilt: Aus Art. 19 IV GG folgt ein Anspruch der Prüflinge, der die Gericht dazu verpflichtet, Prüfungsentscheidungen in rechtlicher und tatsächlicher Hinsicht vollständig zu überprüfen. Dafür muss der Prüfungsfehler indes so wesentlich sein, dass er sich auf das Prüfungsergebnis ausgewirkt hat.[208] Dem Bewertungsspielraum des Prüfers tritt nunmehr der Antwortspielraum des Prüflings gegenüber, so dass eine angemessene bzw. vertretbare Antwort nicht als falsch gewertet werden darf.[209] Inwieweit eine Lösung vertretbar ist, kann durch Sachverständige ermittelt werden.[210]

Dieser Wandel in der Judikatur mag aus Sicht des Prüfers äußerst unbefriedigend erscheinen. Aber auch ihr ist im Ergebnis beizupflichten: Die Prüfungsfreiheit ist nicht grenzenlos. Sie genießt gegenüber anderen verfassungsrechtlich geschützten Werten keinen Vorrang, sondern muss sich stets einer Einzelfallabwägung unterziehen.[211] Prüfungsbewertungen berühren in ganz erheblicher Weise die Berufsfreiheit der Prüflinge aus Art. 12 I GG. Diesen ist daher auch ein besonderer Schutz beizumessen.[212] Zudem erscheint es logisch, dass richtige Antworten nicht als falsch bezeichnet werden können. Solange eine Prüfungsleistung vertretbar ist, muss sie vom Prüfer auch so behandelt werden, selbst wenn er sie persönlich für wissenschaftlich verfehlt hält. Ansonsten würde der Prüfling der willkürlichen Gunst des Prüfers ausgesetzt sein. Wissenschaft zeichnet sich aber gerade durch die eigenständige Bildung von Hypothesen bzw. für Studenten jedenfalls durch das Recht aus, der Meinung zuzusprechen, die man nach eigenem wissenschaftlichen Urteil für die zustimmungswürdige erachtet. Solange eine Meinung vertreten wird, muss sie folglich als Prüfungsantwort akzeptiert werden, auch wenn sie eine Mindermeinung darstellt.[213] Allerdings bedeutet dies nicht, dass der Prüfling sich mit der bloßen Darstellung seiner Ansicht begnügen kann. Vielmehr kann auch von ihm eine Darstellung des Meinungsstreites sowie der tragenden Beweggründe für seine Meinung, die letztlich seine wissenschaftliche Auffassung stützen, erwartet werden.

Es bleibt letztlich die Frage bestehen, was nach dem Wandel der Rechtsprechung überhaupt zu den prüfungsspezifischen Bewertungsspielräumen gehört. Prüfer sammeln im Laufe ihrer Prüfertätigkeiten spezielle Erfahrungen und Einschätzungen von Prüfungsleistungen. Vor diesem Hintergrund sollte dem Prüfer jedenfalls die freie Entscheidung über den Schwierigkeitsgrad, die Bestehensanforderungen und die Ge-

---

[205] BVerwGE 8, 272 (274); *Seebass*, NvwZ 1992, 611.
[206] BVerfGE 39, 334 (354).
[207] BVerfGE 84, 34 ff.
[208] BVerfGE 84, 34 (55).
[209] BVerfG, NJW 1991, 2005 (2008); VG Dresden, Urteil vom 04.06.2008, Az.: 5 K 38/08, juris Rn. 110.
[210] BVerfG, NJW 1991, 2005 (2008).
[211] BVerfGE 47, 327 (369f.); BayVGH, DÖV 1985, 496 (497).
[212] BayVGH, Beschluss vom 14.10.2002, Az.: 7 ZB 02.1231, juris Rn 6.
[213] BVerfGE 90, 1 (12).

wichtung einzelner Prüfungsteile[214] und Fehler[215] als Kernbereich der Prüfungsfreiheit zustehen[216], soweit diese nachvollziehbar sind.

d. Bewertungen durch mehrere Prüfer

In einigen Prüfungskonstellationen kann es vorkommen, dass neben den Erstprüfer weitere Prüfer treten, denen ebenfalls die Prüfungsfreiheit des Art. 5 III 1 GG zusteht. § 65 II HG NRW sieht in zwei Fällen das Zwei-Prüfer-Prinzip vor, das allerdings keinen allgemein gültigen Rechtsgrundsatz auf die Bewertung von Prüfungsleistungen durch zwei Prüfer konkretisiert[217], sondern vielmehr eine landesrechtliche Bestimmung zur Sicherung der Objektivität von Prüfungsbewertungen[218] und der Abmilderung von Extremansichten einiger Prüfer[219] darstellt. Insoweit garantiert die Vorschrift Grundrechtsschutz der Prüflinge durch Verfahren.

Die schriftliche Zweitkorrektur wird nach § 65 II 1 HG NRW nur für studienabschließende Prüfungen und Wiederholungsprüfungen, für deren endgültiges Nichtbestehen keine Ausgleichsmöglichkeiten mehr vorgesehen sind, vorgeschrieben. Die Beschränkung auf diese besonders bedeutsamen Prüfungsarten ist aufgrund der Zunahme an Hochschulprüfungen aus Praktikabilitätsgründen erforderlich.[220]
Die Bewertung der Prüfungen muss durch beide Prüfer selbstständig und unabhängig voneinander erfolgen.[221] Jeder muss zu einem eigenen Urteil gelangen[222] und darf nicht bloß die Schlüssigkeit der Bewertung des anderen Prüfers kontrollieren[223]. Dafür ist bei schriftlichen Prüfungen die Lektüre der Prüfungsarbeit zwingend notwendig.[224] Nach der Rechtsprechung soll diesen Anforderungen bereits auch dann Genüge getan sein, wenn der Zweitkorrektor seine Begutachtung in Kenntnis des Erstprüfervotums vornimmt.[225] Er kann bei seiner Ergebnisbegründung sogar bloß hierauf Bezug nehmen und diesem zustimmen.[226] Für ein solches Vorgehen spricht zwar, dass bereits Gesagtes nicht wiederholt werden muss. Andererseits ist diese Praxis jedoch besonders kritisch zu hinterfragen. Es besteht die Gefahr, dass die weitreichenden Freiheiten, die dem Zweitkorrektor von der Rechtsprechung verliehen werden, diesen dazu verleiten könnten, sich – unter schlichten Bezug auf das Erstvotum – dem Erstprüfer anzuschließen. Dies wird durch die prüfungswissenschaftliche Forschung bestätigt[227] und entspricht letztlich auch der menschlichen Natur, wonach eine Bewertung ohne Vorinformationen schlichtweg anders erfolgt als in Kenntnis

---

[214] OVG Münster, DVBl. 1992, 1049 (1050).
[215] VG Dresden, Urteil vom 04.06.2008, Az.: 5 K 38/08, juris Rn. 136; VG Berlin, Beschluss vom 23.02.2005, Az.: 12 A 22.05, juris Rn. 7.
[216] *Wimmer*, in: Festschrift für Konrad Redeker, 1993, S. 532.
[217] BVerwG, NVwZ-RR 1989, 80 (81); BVerwG, Buchholz 421.0 Prüfungswesen Nr. 173; OVG Münster, NJW 1991, 2586 (2589).
[218] *Weber*, in: Leuze/Epping, HG NRW, Loseblatt, Stand 2007, § 65 Rn. 33.
[219] BVerfGE, 80, 1 (38); *Lampe*, Gerechtere Prüfungsentscheidungen, 1999, S. 173.
[220] Begründung des Regierungsentwurfs, LT-Drucks. 14/2063, S. 168.
[221] *von Golitschek,* BayVBl. 1994, 302; *Kröpil*, JuS 1985, 325
[222] OVG Münster, NWVBl. 1995, 225 (227); *Kröpil*, JuS 1985, 325.
[223] *Schnellenbach*, in: Hartmer/Detmer, Hochschulrecht, 2. Aufl. 2011, Kap. XII Rn. 32, Fn. 74.
[224] *Kröpil*, JuS 1985, 325.
[225] BVerwG, NJW 1995, 3266 (3266); BVerwG, DÖV 1996, 300 (301); OVG Münster, NWVBl. 1994, 135 (136); 1995, 225 (227); *Kröpil*, JuS 1985, 322, 325.
[226] BVerwG, NVwZ 1993, 677 (679); OVG Münster, NWVBl. 1994, 644 (646); *Kröpil*, JuS 1985, 325.
[227] *Lampe*, Gerechtere Prüfungsentscheidungen, 1999, S. 174; *Pietzcker*, Verfassungsrechtliche Anforderungen an die Ausgestaltung staatlicher Prüfungen, 1974, S. 117f.

sonstiger Auffassungen.[228] Den Anforderungen an eine selbstständige, unabhängige und eigene Urteilsfindung wird damit aber nicht Rechnung getragen. Gerade die von § 65 II 1 HG NRW erfassten Abschluss- und Existenzprüfungen sind von ganz herausragender Bedeutung für die Prüflinge.[229] Gemessen an Art. 12 I GG kann es für diese nur gerecht sein, wenn sie davon ausgehen können, dass beide Prüfer ihre Leistungen vollumfänglich und eigenständig gewürdigt haben.

Dass es bei der Bewertung einer Prüfungsleistung durch zwei Prüfer zu unterschiedlichen Ergebnissen kommen kann, ist aufgrund der prüfungsspezifischen Bewertungsspielräume rechtlich zunächst einmal zulässig.[230] Probleme entstehen dort, wo die Bewertungen wesentlich voneinander abweichen. Prüfungsordnungen oder Ausbildungsgesetze, wie beispielsweise das JAG NRW, sehen vor, dass sich die Prüfer im Falle abweichender Bewertungen zunächst gemeinsam beraten.[231] Kann eine Einigung nicht erzielt werden, so soll ein sachkundiger Dritter die endgültige Notenprüfung festsetzen[232] oder aber im Falle unwesentlicher Abweichungen das arithmetische Mittel als Endnote errechnet werden.[233] Bei größeren Bewertungsdifferenzen ist grundsätzlich ein Dritter einzuschalten, denn hier bestehen zumindest an einer Bewertung Zweifel hinsichtlich der Objektivität.[234]

In mündlichen Prüfungen, für die § 65 II 2 HG NRW eine spezielle Regelung trifft, gelten dieselben Grundsätze. Danach sind mündliche Prüfungen stets von mehreren Prüfern oder von einem Prüfer in Gegenwart eines sachkundigen Beisitzers abzunehmen, wenn die Nachvollziehbarkeit der mündlichen Prüfung nicht gesichert ist. Eine solche Regelung ist notwendig, denn vor allem in mündlichen Prüfungssituationen können subjektive Eindrücke einen noch stärkeren Einfluss auf die Bewertung haben.[235]

E. Zusammenfassung der Ergebnisse

Prüfungsrecht ist in besonderem Maße grundrechtsrelevant, da die verschiedenen – am Hochschulbetrieb teilnehmenden – Interessengruppen angemessen berücksichtigt werden müssen. Verfassungsrechtlich kommt es zu Kollisionen der aus Art. 5 III 1 GG abzuleitenden Wissenschaftsfreiheit des einzelnen Hochschullehrers mit der Berufsfreiheit der Studierenden aus Art. 12 I GG sowie dem Gebot der Chancengleichheit aus Art. 3 I GG.

Art. 5 III 1 GG schützt die Lehrfreiheit des Hochschullehrers. Diese umfasst als besondere Ausprägung eine Prüfungsfreiheit für die Prüfertätigkeiten des Hochschullehrers, die maßgeblich aus der dialogischen Struktur zwischen Lehre und Prüfung folgt sowie dem historischen Verständnis der Betätigung eines Hochschullehrers entspricht. Grundrechtsträger sind sowohl die Universitäts- und Juniorprofessoren sowie nunmehr auch die Fachhochschulprofessoren. Sie alle befinden sich in einem besonderen beamtenrechtlichen Verhältnis, das sich einerseits aus ihrer hoheitlichen Betätigung und ihrer damit verbundenen Grundrechtsbindung ergibt, andererseits aber die Hochschullehrer als Träger der Wissenschaftsfreiheit

---

[228] In diesem Sinne wohl auch *Becker*, NVwZ 1999, 1135.
[229] Darauf weist auch *Leuze*, PersV 2010, 405 bei der Prüfungsbewertung hin.
[230] *Weber*, in: Leuze/Epping, HG NRW, Loseblatt, Stand 2007, § 65 Rn. 33.
[231] Vgl. beispielsweise § 14 I S. 2 JAG NRW.
[232] Vgl. beispielsweise § 14 I S. 3 JAG NRW.
[233] *Zimmerling/Brehm*, Prüfungsrecht, 3. Aufl. 2007, Rn. 616.
[234] *Zimmerling/Brehm*, Prüfungsrecht, 3. Aufl. 2007, Rn. 616.
[235] *Weber*, in: Leuze/Epping, HG NRW, Loseblatt, Stand 2007, § 65 Rn. 40.

ausstattet. Dies hat zur Folge, dass dienstrechtliche Vorgaben zur wissenschaftlichen Betätigung des Hochschullehrers stets an Art. 5 III 1 GG zu messen sind. Aus dieser Besonderheit sowie der im Prüfungsrecht vorzufindenden hohen Grundrechtsrelevanz folgt ein objektiv-rechtliches Organisationsgebot. Bei der Prüfungsfreiheit handelt es sich daher um ein ausgestaltungsbedürftiges bzw. normgeprägtes Grundrecht, dass zwar eine verfassungsrechtliche Prüfungsfreiheit schützt, diese Betätigung allerdings nur in den geschaffenen Bahnen ermöglicht. Dienstrechtliche Ausgestaltungen oder aber die in den Studien- und Prüfungsordnungen vorzufindenden Regelungen der Hochschule sind immanente Beschränkungen der Prüfungsfreiheit und stellen erst dann einen Eingriff dar, wenn sie den Kernbereich der Prüfungsfreiheit berühren. Der Abgrenzung zwischen „bloßer" Ausgestaltung und Eingriff kommt damit im Prüfungsrecht essentielle Bedeutung zu. Der Kernbereich der Prüfungsfreiheit garantiert jedenfalls eine methodische und inhaltliche Freiheit mit Blick auf drei zentrale Bereiche – die Auswahl des Prüfungsgegenstandes, die Durchführung der Prüfung sowie die Prüfungsbewertung.

Innerhalb dieser Bereiche hat sich insbesondere ein Wandel mit Blick auf die Prüfungsbewertungen ergeben. Hier wurde die Prüfungsfreiheit enorm durch eine Erhöhung der gerichtlichen Überprüfbarkeit eingeschränkt. Eine solche Tendenz lässt sich ebenso in den anderen zwei Bereichen vorfinden. Da Prüfungen Lebens- und Berufschancen eröffnen und daher in gerechten und nachprüfbaren Bahnen erfolgen sollten, ist diese Entwicklung begrüßenswert.